Inge Meisnitzer

Zauberhafter Römertopf

300 herrliche Gerichte neu entdeckt

Originalausgabe

WILHELM HEYNE VERLAG

MÜNCHEN

HEYNE KOCHBUCH
Nr. 07/4646

15. Auflage
(6. Auflage der überarbeiteten Neuausgabe)

Copyright © 1979 by Südwest Verlag GmbH & Co. KG, München
Printed in Germany 1995
Umschlagfoto: Fotostudio Teubner, Füssen
Innenfotos: Südwest Verlag/Studio Leveque, München
Umschlaggestaltung: Atelier Ingrid Schütz, München
Satz: Schaber Datentechnik, Wels
Druck und Bindung: R.M.O.-Druck, München

ISBN 3-453-06073-3

Inhalt

Vorwort 7
  Genuß ohne Reue 7
  Vor dem ersten Versuch 8
  Längere Garzeiten 11
  Schmoren und Braten im eigenen Saft 13
  Spuren des Gebrauchs 14
  Zum Garen in der Mikrowelle 15

Suppen 17

Eintöpfe 26

Gemüsegerichte 47

Gemüse – Fleischgerichte 55

Fleischgerichte 71
  Aus Hackfleisch 71
  Vom Rind 76
  Vom Kalb 96
  Vom Schwein 104
  Von Lamm und Hammel 124

Geflügel 130
  Huhn 130
  Ente 142
  Gans 152
  Pute 154

Wild 159
  Hase 159
  Reh 163
  Hirsch 169
  Wildschwein 173

Rebhuhn 176
Wildente 178
Fasan 180
Fischgerichte 183
Aufläufe 210
    Pikante Aufläufe 210
    Süße Aufläufe 217
Saucen-Tips für den Römertopf 226
Alphabetisches Register 230
Sachgruppen-Register 233

Zeichenerklärung:

▭ 60 Min./200 °C

Gardauer im Backofen 60 Minuten bei 200 °C. Bei Heißluftherden liegt die Temperatur immer 30 °C niedriger als angegeben.

≋ 15 Min./600 W +
30 Min./300 W + 5 Min. Stehzeit

Das Gericht ist mikrowellengeeignet und soll erst 15 Minuten bei 600 W, danach noch weitere 30 Minuten bei 300 W gegart werden. Dann soll das Gericht noch 5 Minuten stehen, um nachzugaren.

Achtung: Beim Garen in der Mikrowelle darf der Römertopf nicht gewässert werden. Deshalb steht die Wässerung bei mikrowellengeeigneten Rezepten in Klammern.

Vorwort

Genuß ohne Reue

Mittlerweile hat es sich allgemein herumgesprochen: Kochen im Tontopf verleiht jeder Küche Vollendung. Denn erst das irdene Kochgeschirr macht es möglich, das Aroma vieler Speisen zu voller Entfaltung zu bringen und Nuancen in der Würzung zu zaubern, die bei jeder anderen Kochart verlorengingen. Dabei befreit der Tontopf von der Fronarbeit am Herd, denn sobald Sie ihn in das Backrohr geschoben und die Temperatur einreguliert haben, brauchen Sie sich während der ganzen Garzeit um nichts mehr zu kümmern: Alles schmort oder brät im eigenen Saft, nichts kann verbrennen oder verderben. Vor allem aber erlaubt Ihnen die Tonform gesundes, diätgerechtes Kochen ohne unnötige Fettzugaben. Die darin zubereiteten Speisen kitzeln nicht nur Ihren Gaumen, sie schmeicheln auch Ihrer schlanken Linie. Der *Römertopf* schenkt Ihnen kulinarische Genüsse ohne Reue!
Im Prinzip ist die Tonform so alt wie die Geschichte des Kochens selbst. Lange bevor die Römer ihre von Dichtern besungenen Festbankette veranstalteten, kochten Jäger und Hirtenvölker ihre Mahlzeiten in irdenen Geschirren. Die Küche des Mittelalters war dagegen barbarisch: Sie vergaß den Tontopf. Seine Vorzüge neu zu entdecken, bleibt Ihnen vorbehalten. Denn erst vor ungefähr zwanzig Jahren tauchte das irdene Kochgeschirr wieder auf. Zuerst waren es handgearbeitete, birnenförmige Gebilde, die zwar etwas unhandlich, in ihren Kocheigenschaften aber von Anfang an vorzüglich waren und aus dem Land der vorbildlichen Küche,

aus Frankreich, zu uns kamen. An den Kocheigenschaften hat sich seither nichts geändert. Aber die Formen, die Sie heute angeboten bekommen, sind mit Griffen und zum Teil mit Bratstegen versehen, was ihre Handhabung besonders in heißem Zustand wesentlich erleichtert. Außerdem haben Sie heute eine Riesen-Auswahl: Sie bekommen ganz kleine Formen, in denen Sie auch für eine Person ein *Römertopf*-Gericht zubereiten können. Sie bekommen Formen passend für ein einzelnes Hähnchen und solche, die eine Gans oder einen großen Truthahn fassen. Sie finden hohe Formen, die sich besonders für Suppen und köstliche Eintopfgerichte eignen, und flache Formen, bei denen Ihnen schon die Verzierung nahelegt, sie für Fischgerichte zu verwenden.

Und da wir gerade von der Verzierung sprechen: Tonformen sind heute in ihrem Aussehen so schön, daß Sie bestimmte Gerichte unbedingt in der Form servieren sollten. Einem rustikal gedeckten Tisch gibt das erst den letzten Schliff. Was jedoch die Größe der Formen anbelangt, so werden Sie in ihrer Wahl durch einen Umstand eingeschränkt: Die Form muß in das Backrohr Ihres Küchenherdes passen! Auch die größte Form darf — auf dem in die unterste Halteleiste eingeschobenen Rost stehend — die Wände des Bratrohrs nicht berühren. Eine Verwendung der Tonform auf der Herdplatte, gar über der offenen Gasflamme ist ausgeschlossen — sie würde unweigerlich zerspringen. Womit wir bei den Grundregeln des Kochens in der Tonform wären, die stets zu beachten sind.

Vor dem ersten Versuch

Vielleicht haben Sie sich, als Sie das erste irdene Kochgeschirr sahen, gedacht: »Wie schade, daß diese schöne Form nicht glasiert ist.« Vielleicht gehören Sie sogar zu den Menschen, die unglasierten Ton nicht gern anfassen. Bitte, überwinden Sie sich — schon nach wenigen Malen wird es Ihnen nichts mehr ausmachen: Die besonderen Vorzüge des *Römertopf*-Kochens gewährt wirklich nur die unglasierte Form.

Man hat Versuche mit Glasuren gemacht. Glasierte Töpfe stehen zur Verfügung. Doch die Ergebnisse, die Sie mit einer solchen Form erzielen, ähneln denen, die Sie auch in einem normalen Topf erzielen können. Allenfalls ein glasierter Boden kann von Vorteil sein — er verhindert das Ansetzen. Auch der Versuch, Ton-Unterteile mit einem Deckel aus feuerfestem Glas zu kombinieren, hat sich für meinen Geschmack nicht bewährt. Denn entscheidend ist und bleibt — außer beim Garen in der Mikrowelle, wo der *Römertopf* trocken sein soll —: Rund um das Kochgut muß Ton sein, dessen Poren sich mit Wasser vollsaugen können. Nur so kann während des Kochens die Dunstglocke entstehen, die wesentlich zum Gelingen Ihrer *Römertopf*-Spezialitäten beiträgt.

Um die Voraussetzungen dafür zu schaffen, wird die Form samt Deckel vor jedem Gebrauch ins Wasser gelegt, damit sie sich vollsaugen kann. Sie muß dazu völlig von Wasser bedeckt sein — sie etwa nur mit Wasser zu füllen, genügt nicht. Haben Sie zu Ihrer Form eine Gebrauchsanweisung bekommen, so lesen Sie darin vielleicht, daß zehnminütiges Wässern ausreicht. Wenn Sie Suppe kochen wollen, mag das angehen. Wenn Sie dagegen ein Fleischgericht auf dem Speisezettel haben, vielleicht gar noch eines mit trockenem Fleisch wie Rind, Reh oder Hase, so wird es sich immer bewähren, wenn Sie die Form bis zu einer Stunde im Wasser lassen. Sie können sie auch schon am Vorabend ins Wasser legen — zu lang ist es nie, zu kurz dagegen sehr leicht.

Wurde Ihre Form auf dem Transport oder im Geschäft unsachgemäß gelagert, so kann es vorkommen, daß sie nach der ersten Wässerung einen eigenartigen Geruch verströmt. Man fühlt sich dabei an einen noch nicht ganz trockenen Neubau erinnert. Solche Formen sollten nur für Fleisch-, Fisch- und Eintopfgerichte, nicht jedoch für Süßspeisen verwendet werden. Außerdem müssen Sie den Geruch natürlich vor Benutzen der Form tilgen, denn er geht auf die Speisen über und verdirbt ihren Geschmack. Dazu schneiden Sie eine Zwiebel auseinander und reiben damit die Form innen gründlich ein. Anschließend füllen Sie sie halb voll Wasser und stellen sie eine Stunde in den auf 100 °C einregulierten Ofen.

Wobei wir wieder bei etwas Grundsätzlichem wären: Sicherlich haben Sie sich zunächst nur *eine* Tonform gekauft, obwohl die irdenen wirklich die preiswertesten aller Kochtöpfe sind. Doch natürlich wollen Sie zunächst einmal ausprobieren, wie Ihnen diese Kochart zusagt. Wählen Sie für Ihre ersten Versuche unter den Rezepten Fleisch, Fleisch-Eintopf- und Gemüsegerichte aus. Problemlos in der Zubereitung sind vor allem die Hähnchen- und die Schweinefleischgerichte. Sie gelingen auf Anhieb. Die rechte Größe vorausgesetzt, können Sie diese Gerichte alle in demselben Topf zubereiten, ohne daß sich eine geschmackliche Beeinträchtigung ergibt. Fischgerichte dagegen dürfen nur in einer speziell dafür reservierten Form zubereitet werden, denn der Fischgeschmack würde sich anderen Speisen unweigerlich mitteilen. Und auch für Süßes brauchen Sie eine extra Form, falls Sie Ihr Royal Strawberry nicht gerade mit einem leichten Nachgeschmack von Ingwerhähnchen lieben. Übrigens, die Mengenangaben bei den Rezepten sind – falls nicht anders erwähnt – für vier Personen berechnet. Sie können entsprechend der tatsächlichen Personenzahl mehr oder weniger verwenden, solange Sie nur das Verhältnis wahren. Die angegebene Gartemperatur bleibt natürlich gleich; die Garzeit verlängert sich nur bei wesentlich größeren Fleischstücken um ungefähr 10 bis 15 Minuten.

Ausnahmen können sich ergeben, wenn das Stück Fleisch wesentlich größer und dicker ist als gewöhnlich oder wenn die Qualität nicht der gewohnten entspricht. Um noch beim Grundsätzlichen zu bleiben: Die kalte Form, gefüllt mit all den guten Zutaten, kommt grundsätzlich in den kalten Ofen! Sie kommt auf den Rost, den Sie – je nach Höhe der Form – in die unterste oder vorletzte Einschubleiste einsetzen. Erst dann wird der Ofen angeheizt auf 220 °C einreguliert, falls im Rezept nicht eine andere Temperatur angegeben ist. Ein stufenweises Hochschalten bis zur Endtemperatur ist besonders bei schnell aufheizenden Gasherden zu empfehlen, bei Elektroherden gewöhnlich nicht nötig. Grundsätzlich ist ferner, daß Sie Ihre Speisen in der geschlossenen Form garen — nur so kann die bereits erwähnte Dunstglocke entstehen und der eigene Saft der Speisen nicht verdunsten. Und nur so hat das Kochen im Tontopf seinen Sinn. Zu dieser Regel gibt es eine einzige Ausnahme: Wollen Sie einen Braten zusätzlich überkrusten lassen — bei sehr vielen Braten bildet sich eine vorzügliche Kruste auch in der geschlossenen Form, was besonders auf Schwartenbraten vom Schwein zutrifft —, dann nehmen Sie während der letzten 10 bis 15 Bratminuten den Deckel von der Form. Nähere Angaben darüber finden Sie bei den einschlägigen Rezepten.

Längere Garzeiten

Aus der Tatsache, daß die Tonform stets in den kalten Ofen kommt, ergeben sich ganz generell verlängerte Kochzeiten: Ofen und Form brauchen eine gewisse Zeit, um die nötige Kochtemperatur zu erlangen. Darum sind alle Zeiten im Durchschnitt um 15 bis 20 Minuten länger, als Sie das gewohnt sind. Und wenn Sie experimentierfreudig an die neue Kochart herangehen und schon bald eigene Rezepte durchprobieren, dann sollten Sie diesem Umstand Rechnung tragen: Lassen Sie *Römertopf*-Gerichte stets mindestens 15 bis 20 Minuten länger im Ofen, als Sie das bei herkömmlicher Kochweise tun würden. Sollten Sie dabei ein wenig über die Zeit kommen, so schadet das nichts. Alle in den Rezepten angegebenen Zeiten sind Richtwerte, die für normal aufheizende Herde gelten, welche die Temperatur sicher halten und deren Gültigkeit Sie für Ihren Herd zunächst einmal überprüfen müssen. Generell gilt, daß diese Zeiten nicht unterschritten, dagegen bei allen Fleisch- und Gemüsegerichten ziemlich sorglos bis zu 20 bis 25 Prozent überzogen werden dürfen. Fischgerichte und Süßspeisen sind in dieser Hinsicht ein wenig empfindlicher, vertragen aber im allgemeinen ein Überziehen der Kochzeit eher als ein Verkürzen.

Daraus läßt sich ein Tip ableiten, der sich gerade für die ersten Kochversuche mit der Tonform bestens bewährt hat: Überziehen Sie die angegebenen Garzeiten bewußt um 10 bis 15 Prozent, dieses geringe Überziehen schadet in keinem Fall. Sie fangen damit jedoch eventuelle Abweichungen Ihres Herdes von der Normal-Aufheizzeit ab. Sind die Speisen anschließend eine Spur zu weich, lassen Sie künftig die Verlängerung fort. Sind sie immer noch nicht ganz gar – viel kann ja nicht mehr fehlen! –, dann verlängern Sie nach eigener Schätzung. Übrigens ein kleiner *Römertopf*-Vorteil am Rande: Auch wenn Sie keinen Herd mit selbstreinigendem Bratrohr haben, brauchen Sie nach dem Kochen nicht zu scheuern, nicht zu putzen. Aus der Tonform heraus verspritzt nichts, Ihr Bratrohr bleibt sauber.

Gewiß, im Topf aus Ton zu kochen, dauert bei allen Gerichten etwas länger, kostet dadurch mehr Energie. Aber abgesehen von dem Fett, das Sie sparen, den Nährwerten, die Sie erhalten – da ist ja noch das preisgünstige Fleisch: Schweineschulter und Halsgrat zum Beispiel gehören bestimmt nicht zu den teuren Fleischsorten. Und konventionell zubereitet, sind sie auch selten mehr wert, als sie kosten – eher weniger. Im *Römertopf* werden gerade diese Stücke durch das besondere Garverfahren in zarte Bissen saftigen Fleisches verwandelt. Sie sparen also, ohne auf Genuß zu verzichten.

Ergibt sich die Notwendigkeit, Flüssigkeit in die heiße Form zu gießen – etwa, weil Sie bei einem Braten den Flüssigkeitszusatz unterschätzt haben oder weil Sie am Ende der Kochzeit den Bratenfond aus der Form lösen wollen –, so müssen diese Flüssigkeiten heiß sein, am besten kochen! Gießen Sie kalte Flüssigkeit in die heiße Form, so kann sie zerspringen. Umgekehrt dürfen Sie natürlich auch nichts extrem Heißes in die kalte Form schütten.

Empfiehlt Ihnen also ein Rezept beispielsweise den Zusatz von gerösteten Zwiebeln samt Fett, so lassen Sie diese Zutat erst ein wenig abkühlen, bevor Sie sie in die kalte Form umfüllen.

Schmoren und Braten im eigenen Saft

Womit das Thema Fett angesprochen wäre: Das Kochen im Tontopf ist gekennzeichnet durch das Schmoren und Braten im eigenen Saft.
Nahezu nichts verdunstet oder geht verloren. Weder überflüssiges Kochwasser noch Fett, das bei der herkömmlichen Kochweise in erster Linie ein Anbrennen verhindern muß, nebenbei aber den Nahrungsmitteln wertvolle Nähr- und Aufbaustoffe entzieht, wird benötigt. Lediglich bei den trockenen Fleischsorten brauchen Sie einen gewissen Zusatz, weil dieses Fleisch, das kaum eigenen Saft hergibt, sonst wirklich zu trocken würde. In den Rezepten sind die nötigen Wassermengen angegeben, in einigen außerdem der Hinweis enthalten, man solle das Fleisch mit weicher Butter einpinseln. Auf die Butter kann, sollte das aus Diätgründen nötig sein, in jedem Fall verzichtet werden. Wasser tut im Tontopf den gleichen Dienst — es schützt das Fleisch vor dem Austrocknen, erhält voll den Eigengeschmack. Lediglich ein Unterschied ist in Kauf zu nehmen — mit Butter wird dieser Geschmack ein wenig verfeinert. Ansonsten ändert sich nichts.
Übrigens, es gibt noch einen Trick, das Austrocknen von Fleisch auf ein Minimum herabzudrücken. Und das ist vielleicht der General-Trick des ganzen *Römertopf*-Kochens: Wählen Sie grundsätzlich eine möglichst kleine Form, damit Fleisch, aber auch anderes, in dem wenigen eigenen Saft schmoren kann.
Hin und wieder lesen Sie bei einem Gericht den Hinweis, die Sauce sei mit Mehl zu binden. Ob Sie das tun, ist natürlich Geschmacks- und wohl auch ein wenig Ansichtssache: Selbstverständlich können Sie den Bratensaft auch »naturell« verwenden,

um einerseits den Geschmack völlig unverfälscht zu erhalten, andererseits den Ansichten der modernen Küche zu entsprechen, die unnötige Kalorienzusätze ablehnt.
Wenn Sie Ihren Tontopf mit köstlichem Inhalt aus dem Rohr nehmen, wozu Sie selbstverständlich dicke, absolut trockene Topflappen benützen, sollten Sie wiederum daran denken, daß das irdene Gefäß gegen plötzliche Temperatureinflüsse empfindlich ist: Stellen Sie es auf ein Kuchengitter, ein trockenes Holzbrett oder ein zusammengelegtes, trockenes Handtuch. Gleiches gilt für den Deckel der Form, der genauso heiß ist wie die Form selbst. Erst wenn beide Teile ausgekühlt sind, dürfen sie mit kalten Metallplatten, kaltem Wasser oder dergleichen in Berührung kommen, sonst besteht die Gefahr des Springens.

Spuren des Gebrauchs

Erlauben Sie abschließend noch ein paar Hinweise zur Reinigung Ihrer *Römertöpfe*. Schon nach erstem Benutzen einer Form haben Sie innen eine bräunliche Verfärbung bemerkt, die sich von Mal zu Mal verstärkt. Diese Verfärbung ist unvermeidlich – kümmern Sie sich nicht darum! Reinigen Sie Ihre Tontöpfe grundsätzlich nur mit warmem bis heißem Wasser und einer eigens für diesen Zweck reservierten Topfbürste aus nicht zu harter Kunstfaser. Diese Bürste sollte keine Metallteile enthalten, die mit dem Ton in Berührung kommen könnten. Benutzen Sie auf keinen Fall irgendwelchen Scheuersand! Er verstopft die Poren des Tons, macht den Topf dadurch nicht saugend und somit unbrauchbar. Manchmal wird empfohlen, dem Spülwasser ein paar Tropfen eines Spülmittels zuzusetzen, da sich Fettreste dann leichter lösen. Das stimmt natürlich. Doch die Meinung, der Geschmack würde dadurch nicht beeinträchtigt, teilt meine Zunge nicht.
Ein Tontopf darf niemals an einem feuchten, muffigen Ort aufbewahrt werden. Solange er selbst feucht ist, dürfen Sie auch den

Deckel nicht aufsetzen. Legen Sie ihn umgekehrt in die untere Hälfte und bewahren Sie die Form an einem luftigen Ort auf, an dem sich kein Küchendunst auf dem Ton niederschlagen kann. Der vorzügliche Geschmack Ihrer *Römertopf*-Spezialitäten wird Ihnen diese kleine Mühe vielfach lohnen.

Zum Garen in der Mikrowelle

Ton ist ein Material, das die Mikrowellen durchdringen können, ohne viel Energie dabei zu verlieren. Es kann also grundsätzlich jeder *Römertopf* in der Mikrowelle verwendet werden. Inzwischen sind speziell für die Mikrowelle entwickelte Tongeschirre auf dem Markt.

Die Vorteile des Garens in der Mikrowelle decken sich wunderbar mit den schon definierten Gareigenschaften der Tonform:
- Garen ohne Fett und Wasser
- Garen im eigenen Saft
- kein Auslaugen von Nähr- und Geschmacksstoffen
- intensiver Eigengeschmack.

Die Temperaturverhältnisse im Topf bewirken sogar eine bessere Bräunung und Krustenbildung, als sie sonst beim Mikrowellen-Solo-Betrieb möglich ist. Daher eignen sich besonders Fleisch- und Geflügelspeisen in Kombination mit frischen Gemüsen für die Zubereitung im Mikrowellen-Tongeschirr.

Bei einem Mikrowellen-Kombinationsgerät dürfen *Römertopf*-Gerichte ausschließlich im Mikrowellenbetrieb zubereitet werden, ohne Zuschaltung anderer Beheizungsmöglichkeiten.

Ein Wässern des Topfes ist beim Mikrowellengebrauch nicht nur unnötig, sondern hinderlich, da das eingezogene Wasser mit den Wellen reagiert. Das Gefäß wird extrem heiß und kann sogar platzen. Zudem konzentriert sich eine bestimmte Kraftmenge der Mikrowellen auf das Wasser anstatt auf das Gargut, und die Garzeiten würden sich enorm verlängern.

Also: *Römertopf* **trocken in der Mikrowelle verwenden.** Ein vorher für den Backofengebrauch gewässerter Topf muß völlig ausgetrocknet sein, bevor er in der Mikrowelle eingesetzt werden kann. Die Mikrowelle eröffnet noch einen weiteren Pluspunkt im Gebrauch von Tongeschirren: **eine enorme Energie-Einsparung.**

Bei einem maximalen Stromverbrauch von 1500 kW/Std. (Backofen ca. 4000 kW/Std.) und einer Zeitverkürzung um die Hälfte bis zwei Drittel erweist sich die Mikrowelle als großer Sparfaktor, ohne Einbuße der Geschmacksqualität.

Die Zeitersparnis ergibt sich aus der Tatsache, daß die erforderliche Garwärme durch die Mikrowellen in Form von Reibungshitze im Lebensmittel selbst erzeugt wird. Unnötiges Aufheizen von Garraumluft oder Geschirren entfällt.

Inge Meisnitzer

Suppen

Frühlingssuppe

2 l Fleischbrühe (aus Knochen gekocht oder aus Würfeln bereitet)
6 Stangen Spargel · 4 gelbe Rüben
250 g grüne Erbsen · 100 g junge Bohnen · ½ Blumenkohl
ZUM GARNIEREN:
2 Tomaten · 2 hartgekochte Eier
1 Bund Schnittlauch oder 1 Sträußchen Petersilie

Zuerst gießen Sie die Fleischbrühe (gelierte Brühe erwärmen!) in die gewässerte Tonform. Dann geben Sie das vorbereitete Gemüse dazu. Den Spargel müssen Sie schälen und in Stücke schneiden, die gelbe Rübe schaben und in Scheiben schneiden, die Erbsen enthülsen, die Bohnen — falls nötig — von Fäden befreien und in drei Zentimeter lange Stücke brechen und schließlich den Blumenkohl in Röschen zerteilen.

Während die Suppe gart, schneiden Sie die Tomaten in Scheiben und decken jeweils eine Eischeibe darauf. Vorsichtig in die Suppe gelegt, werden diese »schwimmenden Inseln« mit Schnittlauch oder — wer das lieber mag — mit feingewiegter Petersilie bestreut.

⊟ 55 Min./220 °C

Gemüsesuppe

750 g verschiedene Gemüse nach Belieben,
z. B. Lauch, gelbe Rüben, Blumenkohl, Kohlrabi,
Sellerie, Bohnen

1 l Fleisch- oder Würfelbrühe · 2 EL gehackte grüne Kräuter

Putzen Sie das Gemüse, und schneiden Sie es klein. Geben Sie alles in die gewässerte Tonform und übergießen Sie es mit Fleisch- oder Würfelbrühe.

Vor dem Servieren bestreuen Sie die Suppe mit feingehackten grünen Kräutern.

▭ 45–60 Min./220 °C

Elsässer Suppe

1–1½ l Pökelbrühe · 250 g gelbe Rüben

250 g Kartoffeln · Pfeffer · 1 EL Butter

1 kleines Sträußchen feingewiegter Petersilie

Für die Elsässer Suppe können Sie die übriggebliebene Brühe von dem Rezept »Gekochtes Pökelfleisch« (s. S. 121), aber auch jede andere Pökelbrühe verwenden.

Gießen Sie die Brühe durch ein Sieb in eine gut gewässerte Tonform. Putzen Sie die gelben Rüben, und schneiden Sie sie in dünne Streifen. Die geschälten Kartoffeln zerteilen Sie in Würfel. Beides, gelbe Rüben und Kartoffeln, kommt in die Pökelbrühe, die Sie mit etwas Pfeffer abschmecken.

Während die Suppe gart, kneten Sie die feingewiegte Petersilie in die Butter ein und formen eine Kugel. Diese Kugel legen Sie auf die tischfertige Suppe und lassen sie darin zergehen. Das sieht nicht nur hübsch aus, sondern schmeckt auch gut.

□ 45 Min./220 °C

Fischsuppe

500 g tiefgekühlte Mittelmeerfische
1 Päckchen (80 g) tiefgekühltes Suppengrün · 1 TL Salz
¼ Lorbeerblatt · 1 Messerspitze Dill · 1 l Wasser
1 EL Sojasauce · 2–3 Tropfen würzflüssiger Pfeffer
1 Prise Zucker

Nehmen Sie die Fischstücke aus der Packung und legen Sie sie in die gewässerte Tonform. Dann zerbröckeln Sie das gefrorene Suppengrün darüber und geben Salz, Lorbeerblatt und Dill zu. Nachdem Sie das Wasser dazugegossen haben, schließen Sie die Form. Nehmen Sie, wenn nötig, die Fischstücke heraus, um sie zu entgräten, und geben Sie sie anschließend in die Suppe zurück. Zuletzt wird die Fischsuppe mit einem Eßlöffel Sojasauce, zwei bis drei Tropfen würzflüssigem Pfeffer und einer Prise Zucker abgeschmeckt.

□ 45 Min./220 °C

Kartoffelsuppe

1000 g Kartoffeln · 1 Bund Suppengrün
1 Lorbeerblatt · 1½ l Wasser · Salz
50 g Speck, geräuchert · 1 mittelgroße Zwiebel
nach Belieben Schnittlauch oder Petersilie oder beides

Waschen und schälen Sie die Kartoffeln, um sie anschließend in Würfel zu schneiden. Dann füllen Sie die Kartoffeln, zusammen mit dem geputzten, kleingeschnittenen Suppengrün und dem Lorbeerblatt, in eine gewässerte Tonform. Salzen Sie nach Geschmack, und gießen Sie das Wasser zu.

Vor dem Servieren schneiden Sie den Speck in kleine Würfel, die Sie in einer Pfanne braten. Geben Sie die ausgelassenen Speckwürfel zur Suppe, jedoch ohne das flüssige Fett. Darin rösten Sie die in kleine Würfel geschnittene Zwiebel goldgelb und richten diese ebenfalls auf der Suppe an.

Zuletzt streuen Sie gewiegte Petersilie oder Schnittlauch oder beides über die Suppe.

Geschmackliche Variation: Statt des Specks können Sie auch kleingeschnittene Fleisch- oder Schinkenreste in beliebiger Menge verwenden. Diese werden jedoch nicht angebraten, sondern kalt in die Suppe gegeben.

🝰 60 Min./220°C

Hühnerbrühe

1 Huhn
2 l leicht gesalzenes Wasser (die Menge hängt von der Größe des Huhns ab)
1 Bund Suppengrün

Ob Sie für Ihre Hühnerbrühe tatsächlich nach Omas Art ein Suppenhuhn (sehr fette Brühe), eine Poularde oder ein Brathähnchen (sehr feine, nicht zu fette Brühe, sehr zartes Fleisch) verwenden, ist Geschmackssache. Wollen Sie die Hühnerbrühe für nur zwei bis drei Personen zubereiten, werden Sie schon wegen der geringeren Menge dem Brathähnchen den Vorzug geben.
Legen Sie das kochfertige Huhn, zusammen mit Magen und Herz, in eine gewässerte Tonform. Dazu geben Sie das geputzte, kleingeschnittene Suppengrün und gießen das Salzwasser darüber. Das Hühnerfleisch können Sie zum Beispiel zu Frikassee verwenden. Die Brühe gießen Sie durch ein Sieb und reichen Sie mit gehackten grünen Kräutern.

⊟ 90–120 Min./220°C

Variationen: Sie verwenden beliebige Einlagen: Nudeln, Reis, Flädle (kleingeschnittene Pfannkuchen, eine schwäbische Spezialität) oder Eierstich.
Sie schneiden einen Teil des Hühnerfleisches klein in die Brühe, geben Reis oder Nudeln dazu und servieren die Suppe überstreut mit kleingehacktem Schnittlauch oder feingewiegter Petersilie.
Verwenden Sie nur kleine Mengen Suppengrün (etwa einen halben handelsüblichen Bund), damit die Brühe anschließend auch wirklich nach Huhn schmeckt. Wollen Sie sie als Trinkbrühe (Bouillon) reichen, so schöpfen Sie bitte vorher das Fett ganz vorsichtig ab.

Suppe »Feuerteufel«

1 EL Butter oder Margarine · 4 Zwiebeln
1 große Dose geschälte Tomaten · ½ Tube Tomatenmark
¾ l Fleisch- oder Würfelbrühe · 2 Peperoni
1 kleine Dose Mais · Salz, Pfeffer · ½ TL Zucker
1 EL Paprikapulver, edelsüß
Für die Klösschen:
500 g Rinderhack · 3 EL Semmelbrösel · 1 Ei · Salz, Pfeffer
1 kleine Knoblauchzehe · ¼ l Sauerrahm
1 Sträußchen Petersilie

Diese Suppe ist ein wunderbarer Muntermacher. Servieren Sie sie doch einmal nach einer durchfeierten Nacht, zum Beispiel Silvester. Aber auch im Sommer tut sie voll ihre Wirkung. Bekanntlich nehmen ja »feurige« Gerichte das Hitzegefühl. Dieses Rezept reicht für 6 Tassen Suppe.

Erhitzen Sie das Fett in einer Pfanne und schälen Sie die Zwiebeln. In kleine Würfel gehackt, rösten Sie die Zwiebeln im Fett goldgelb. Anschließend ziehen Sie die Pfanne vom Herd. Schneiden Sie die Tomaten aus der Dose in kleine Stücke. Verrühren Sie den Saft mit Tomatenmark und Fleisch- oder Würfelbrühe. Dann schmecken Sie mit Salz, Pfeffer, etwas Zucker und Paprikapulver ab. Schneiden Sie die Peperoni sehr klein und geben Sie sie, zusammen mit den Zwiebeln aus der Pfanne, den kleingeschnittenen Tomaten und dem Mais, zu der Flüssigkeit. Gut vermischt, füllen Sie alles in einen gewässerten Tontopf ein.

Für die Klößchen vermengen Sie das Hackfleisch mit Semmelbröseln und Ei. Schmecken Sie mit Salz und frisch gemahlenem Pfeffer ab. Drücken Sie die Knoblauchzehe durch die Knoblauchpresse, und geben Sie den Saft zum Fleisch. Dann vermengen Sie alles gut, formen Klößchen von zwei Zentimetern Durchmesser und geben sie in den *Römertopf*. Servieren Sie die Suppe »Feuerteufel« in Tassen mit je einem EL Sauerrahm und mit etwas gehackter Petersilie bestreut.

▤ 45 Min./220°C

Klare Ochsenschwanzsuppe

500 g magerer Ochsenschwanz, zerhackt in 2–3 cm große Stücke
¼ Lorbeerblatt · 1 Bund Suppengrün
1 kleine Zwiebel, gespickt mit 2 Nelken · 2 Pfefferkörner
1½ l Wasser · 1 gestrichener TL Salz
1 Glas Rotwein oder Madeira

Legen Sie die gewaschenen Ochsenschwanzstücke zusammen mit Lorbeerblatt, Suppengrün, gespickter Zwiebel und Pfefferkörnern in die gewässerte Tonform. Dann bestreuen Sie das Ganze mit Salz und gießen das Wasser darüber.
Gießen Sie die fertige Brühe durch ein Sieb in eine Terrine, und geben Sie das vom Knochen gelöste Fleisch dazu. Nun brauchen Sie die Ochsenschwanzsuppe vor dem Servieren nur noch mit einem Glas Rotwein oder Madeira abzurunden. Sie können den Rotwein auch gleich mitkochen, müssen dann aber eine Graufärbung der Suppe und einen gewissen Geschmacksverlust in Kauf nehmen.

▤ 120 Min./250°C

Minestrone

5—6 Portionen
75 g weiße Bohnen · ca. 1½ l Fleisch- oder Würfelbrühe
2 gelbe Rüben · 1 Zwiebel · 2 Stangen Lauch
½ kleine Sellerieknolle · 4 Tomaten
je 1 Messerspitze Thymian, Oregano und Majoran
1 EL Tomatenmark · Salz, Pfeffer
1 Tasse kleingebrochene, gekochte Spaghetti
Petersilie oder Schnittlauch

Weichen Sie die Bohnen über Nacht in reichlich einem halben Liter der Fleischbrühe ein.
Anderntags füllen Sie sie mit der Brühe in einen gut gewässerten *Römertopf* um. Schaben Sie die gelben Rüben, und schneiden Sie sie in Scheibchen. Schälen Sie die Zwiebeln, die Sie dann würfeln. Putzen Sie die Lauchstangen, und schneiden Sie sie in Ringe. Die Sellerieknolle wird zuerst geschält und dann in Stifte geschnitten. Sie überbrühen die Tomaten, ziehen ihnen die Haut ab und achteln sie. Füllen Sie all diese Gemüse in die Tonform und würzen Sie mit Thymian, Oregano und Majoran. Gießen Sie so viel Brühe auf, daß die Zutaten eben bedeckt sind. Rühren Sie Tomatenmark unter die fertige Suppe, das ergibt eine schöne Farbe. Schmecken Sie, wenn nötig, mit Salz und Pfeffer ab und geben Sie die gekochten Spaghetti hinein. Lassen Sie sie kurz darin ziehen. Nun überstreuen Sie alles mit Petersilie oder Schnittlauch und servieren die Minestrone in der Form. Um die Minestrone ganz stilecht zu essen, gehört auf jede Portion ein gehäufter Eßlöffel Parmesankäse.

☰ 90 Min./220°C

Möhrensuppe

5—6 Portionen
500 g Möhren · 1 Zwiebel · 1–2 EL Öl · Saft von 1 Orange
abgeriebene Schale von ½ unbehandelten Orange
1 EL Zitronensaft · knapp 1 l Fleisch- oder Würfelbrühe
Salz, Pfeffer · 1 Prise Zucker · 1 Tasse Sahne
2 EL feingewiegte Petersilie

Schaben Sie die Möhren, schneiden sie in dünne Scheiben und füllen sie in die gewässerte Tonform. Schälen Sie die Zwiebel, und hacken Sie sie in feine Würfel. Dann erhitzen Sie das Öl in einer Pfanne, rösten darin die Zwiebelwürfel goldgelb und streuen sie über die Möhren. Rühren Sie Orangen- und Zitronensaft und Orangenschale unter die Fleischbrühe. Gießen Sie diese Mischung in den *Römertopf*. Schmecken Sie die fertige Suppe, wenn nötig, mit Salz, Pfeffer und einer Prise Zucker ab.
Unmittelbar vor dem Servieren rühren Sie die Sahne darunter und bestreuen die Suppe mit der feingewiegten Petersilie.

▄ 50 Min./220°C

Eintöpfe

Schwammerlreis

1 kleine Zwiebel · 1–2 EL Öl · 375 g Kalbfleisch
250 g Steinpilze oder Champignons
175 g Langkornreis · ¼ l Fleisch- oder Würfelbrühe
2 EL geriebener Parmesankäse

Schneiden Sie die Zwiebel in sehr kleine Würfel, und braten Sie sie in Öl glasig, das Sie in einer Pfanne erhitzt haben. Nun schneiden Sie das Fleisch in kleine Würfel, geben sie dazu und braten sie von allen Seiten goldbraun.

Wenn der Pfanneninhalt etwas abgekühlt ist, füllen Sie ihn in eine gewässerte Tonform um. Putzen Sie die Pilze und geben Sie sie, kleingeschnitten, ebenfalls in die Form. Jetzt kommt der gewaschene Reis dazu. Anschließend übergießen Sie alles mit Fleisch- oder Würfelbrühe und schließen die Form.

Nach 45 Minuten ziehen Sie die Form kurz aus dem Ofen, überstreuen den Inhalt mit geriebenem Parmesan und schieben sie nochmals für 15 Minuten ins Rohr zurück. Anschließend servieren Sie den Schwammerlreis mit grünem Salat.

60 Min./225°C

Leberreis

---
500 g Schweineleber · 350 g Langkornreis
---
1 l Fleisch- oder Würfelbrühe
---
100 g durchwachsener Räucherspeck in Scheiben

Schneiden Sie die Leber in kleine Würfel oder schmale Streifen, die Sie mit dem gewaschenen Reis vermischen und dann in eine gewässerte Tonform füllen. Gießen Sie die Fleisch- oder Würfelbrühe dazu, und schließen Sie die Form. Nach 45 Minuten nehmen Sie den Tontopf kurz aus dem Rohr und belegen die Oberfläche des Inhalts mit Speckscheiben. Schließen Sie die Form, und stellen Sie sie für weitere 20 Minuten in den Ofen zurück.
Servieren Sie den Leberreis mit knackigem Endivien- oder würzigem Tomatensalat.

☰ 65 Min./220 °C

Hammelpilaw

---
750 g Hammelfleisch · 5 EL Öl · 3 mittelgroße Zwiebeln
---
375 g Tomaten · 350 g Reis · 1 l Wasser
---
1 gestrichener EL Salz · 2 Messerspitzen Pfeffer
---
2 Knoblauchzehen

Schneiden Sie das von überflüssigem Fett und Haut befreite Fleisch in kleine Würfel, und legen Sie sie in eine gewässerte Tonform. Erhitzen Sie das Öl in einer Pfanne, und rösten Sie die Zwiebeln, die Sie zuvor kleingeschnitten haben, darin goldgelb. Die Zwiebeln werden — gleichmäßig verteilt — auf das Fleisch gelegt. Nun überbrühen Sie die Tomaten und enthäuten sie, schneiden sie in Viertel und legen sie als dritte Schicht in den Topf. Darüber streuen Sie den gewaschenen, abgetropften Reis.

Verrühren Sie in dem Wasser Salz, Pfeffer und den Saft der zerdrückten Knoblauchzehen und gießen es anschließend in die Form.

▭ 90 Min./220°C

Irish-Stew

500 g Hammelfleisch · 500 g Weißkohl oder Wirsing
500 g gelbe Rüben · 500 g Kartoffeln
1–2 EL Butter oder Margarine
1 mittelgroße Zwiebel · Salz, Pfeffer
1 TL Kümmel · ¼ l Wasser

Schneiden Sie das Fleisch in kleine Würfel, die Sie in eine gewässerte Tonform legen. Den Weißkohl überbrühen und dann hobeln; anschließend die gelben Rüben putzen und fein in Scheiben schneiden. Die geschälten Kartoffeln schneiden Sie in Würfel. Nun würzen Sie mit Salz und Pfeffer das im Tontopf liegende Fleisch, schichten den Kohl darauf und bestreuen alles mit Salz, Pfeffer und Kümmel. Darauf folgt eine Schicht gelbe Rüben, die jedoch — ebenso wie die anschließende Kartoffelschicht — nur mit Salz und Pfeffer gewürzt wird. Nun zerlassen Sie die Butter oder Margarine in einer Pfanne, braten darin die würfelig geschnittene Zwiebel glasig und verteilen sie über die Kartoffelschicht. Nachdem Sie das Wasser zugegossen haben, schließen Sie die Form.

▭ 90 Min./250°C

Pichelsteiner

4–5 Scheiben durchwachsener Räucherspeck
250 g gelbe Rüben · 375 g grüne Bohnen
250 g Schweinefleisch
250 g Hammelfleisch · 150 g Kalbfleisch
2 Stangen Lauch · 1 kleine Knolle Sellerie
500 g Kartoffeln · Salz, Pfeffer · 1 Sträußchen Petersilie

Legen Sie eine gewässerte Tonform mit den Speckscheiben aus. Darauf schichten Sie die geputzten, in Scheiben geschnittenen Möhren, die Sie leicht mit Salz und Pfeffer überstreuen. Nun befreien Sie die Bohnen von Fäden, brechen sie in 3–4 Zentimeter lange Stücke und bedecken damit die gelben Rüben. Schneiden Sie das Fleisch in kleine Würfel; leicht gesalzen und miteinander vermischt, bildet es die dritte Schicht. Nun entfernen Sie das harte Grün von den Lauchstangen, schneiden sie in Rädchen und legen diese auf das Fleisch. Darauf folgt Sellerie, den Sie sauber gebürstet, geschält und in Stifte geschnitten haben. Die oberste Lage bilden die Kartoffeln, die Sie schälen und in Würfel schneiden. Gießen Sie soviel Wasser zu, daß die Schichten knapp bedeckt sind. Mit feingewiegter Petersilie bestreut, wird der Pichelsteiner Topf serviert.

▤ 90 Min./220 °C

Mexikanischer Puchero

(Foto Seite 33)

---
500 g Rindfleisch · 500 g Hammelfleisch
---
2 kleine Zwiebeln · 4 gelbe Rüben · ¼ Knolle Sellerie
---
2 grüne eingelegte oder rote getrocknete Chilis
---
4 Tomaten · 4–6 kleine Maiskölbchen · 4 kleine Kartoffeln
---
1 Knoblauchzehe · 1 Lorbeerblatt

¼ l Fleisch- oder Würfelbrühe
---
2 EL feingewiegte frische grüne Kräuter zum Bestreuen, z. B. Schnittlauch, Petersilie, Kerbel
---

Schneiden Sie das Fleisch in kleine Würfel, ebenso die Zwiebeln. Die geputzten gelben Rüben schneiden Sie in Scheiben, die geschälte Sellerieknolle in Stifte. Die Chilis hacken Sie — wegen ihrer Schärfe — in sehr kleine Stückchen. Überbrühen Sie die Tomaten, und ziehen Sie ihnen die Haut ab, bevor Sie sie vierteln. Die jungen Maiskolben kommen gewaschen, aber unzerteilt dazu. Schälen Sie die Kartoffeln, und schneiden Sie sie in Würfel.
All diese Zutaten füllen Sie, gut miteinander vermischt, in die gewässerte Tonform. Dann zerdrücken Sie die Knoblauchzehe darüber und geben das Lorbeerblatt dazu. Zuletzt gießen Sie die Brühe an.

120 Min./220°C

Bunter Gemüsetopf

½ kleiner Blumenkohl · ½ Knolle Sellerie
100 g grüne Bohnen · 1 kleine Paprikaschote
4 kleine Tomaten · 200 g Rosenkohl · 1 Stange Lauch
3–4 gelbe Rüben (ca. 200 g) · 1 Kohlrabi
375 g Erbsen · 1 Lorbeerblatt · 3 Pfefferkörner · 3 Nelken
1 gestrichener TL Salz
4 Paar Debreziner oder ähnliche Wurst · ca. ¼ l Wasser

Zuerst wird das Gemüse gewaschen und zerkleinert. Den Blumenkohl zupfen Sie in Röschen, Sellerie schneiden Sie in Stifte, die Bohnen brechen Sie in Stücke und entfernen, wenn nötig, die Fäden. Aus der Paprikaschote entfernen Sie die Kerne, bevor Sie sie in Streifen schneiden. Die Tomaten überbrühen Sie kurz, enthäuten und vierteln sie. Vom Rosenkohl nehmen Sie die welken Blättchen ab. Den Lauch schneiden Sie in Scheiben, ebenso die gelben Rüben, die Sie zuvor geschabt haben. Schälen Sie den Kohlrabi und schneiden Sie ihn in Stifte. Nun enthülsen Sie noch die Erbsen.

Diese Gemüse vermischen Sie miteinander und füllen sie in den gewässerten *Römertopf*. Dann fügen Sie Lorbeerblatt, Pfefferkörner und Gewürznelken zu, salzen nach Geschmack, legen die Wurst dazu und übergießen alles mit soviel Wasser, daß der Topfinhalt knapp bedeckt ist.

▭ 75 Min./250 °C

Hotpot

1000 g Ochsenschwanz · ¼ l Weinessig · ¼ l Wasser
200 g durchwachsener Räucherspeck in Scheiben
2 gelbe Rüben · 2 mittelgroße Zwiebeln
¼ Knolle Sellerie · 2 Knoblauchzehen
2 EL Paprikapulver, edelsüß · Pfeffer · 1 l Salzwasser
¼ l Weißwein · 125 g kleine Zwiebeln
200 g gelbe Rüben · 150 g Lauch · 200 g Rosenkohl
1 EL Worcestersauce · 1 Sträußchen Petersilie

Den in Stücke gehackten Ochsenschwanz marinieren Sie über Nacht in verdünntem Weinessig.

Am nächsten Tag lassen Sie den Speck in Scheiben in der Pfanne ausbraten, heben die knusprigen Scheiben aus dem Fett und legen sie in die gewässerte Tonform. Rösten Sie in dem zurückgebliebenen Fett die abgetrockneten Ochsenschwanzstücke zusammen mit den kleingeschnittenen Möhren, Zwiebeln und dem Sellerie von allen Seiten an. Füllen Sie den Pfanneninhalt auf die Speckscheiben in den Tontopf. Darüber zerdrücken Sie die Knoblauchzehen in einer geeigneten Presse, streuen Paprikapulver und Pfeffer darüber, gießen Wasser und Wein auf und lassen alles im geschlossenen Topf bei 250 °C schmoren.

Inzwischen putzen Sie das übrige Gemüse und schneiden es seiner Art entsprechend klein. Nach zwei Stunden nehmen Sie die Form vorsichtig aus dem Ofen und legen ebenso vorsichtig das Gemüse ein. Die Form wird wieder geschlossen und kommt für eine weitere Stunde in den Ofen zurück.

Bevor Sie den Hotpot zu Tisch bringen, spritzen Sie etwas Worcestersauce darüber und bestreuen das Ganze mit feingewiegter Petersilie.

▭ 180 Min./250 °C

Mexikanischer Puchero (Rezept Seite 30)

Eintopf »Florida«

100 g getrocknete Aprikosen · Wasser zum Einweichen
500 g Rindfleisch · ½ l Wasser · 250 g Sellerie
1 Stange Lauch · 500 g Kartoffeln
1 TL abgeriebene Zitronenschale · 1–2 EL Orangensaft
Salz · Cayennepfeffer

Weichen Sie die getrockneten Aprikosen am Vorabend in etwas Wasser ein. Am nächsten Tag legen Sie das Fleisch in eine gewässerte Tonform und gießen den halben Liter Wasser zu. Nun schälen Sie den Sellerie und schneiden ihn in Stifte. Vom Lauch entfernen Sie das harte Grün und schneiden die weiße Stange in Ringe. Die Kartoffeln schälen und würfeln Sie. Das alles kommt, miteinander vermischt, zum Fleisch in die Tonform. Die am Vortag eingeweichten Aprikosen geben Sie mit dem Einweichwasser in die Form.

Schmecken Sie den gegarten Eintopf »Florida« mit abgeriebener Zitronenschale, Orangensaft, Salz und Cayennepfeffer ab. Dann schneiden Sie das Fleisch in Scheiben und richten sie auf dem Eintopf an, bevor Sie ihn in der Form servieren.

▭ 120 Min./220°C

Berliner Löffelerbsen

---
375 g getrocknete Erbsen · 2¼ l Wasser
---
375 g Pökelfleisch · 500 g Kartoffeln · 1 Bund Suppengrün
---
2 kleine Zwiebeln · 2—3 EL Butter oder Margarine

Salz · Majoran

Weichen Sie die Erbsen über Nacht in Wasser ein. Am nächsten Tag füllen Sie sie mit dem Einweichwasser in eine gewässerte Tonform und legen das Pökelfleisch hinein. Schälen Sie die Kartoffeln, und schneiden Sie sie in Würfel. Das geputzte Suppengrün zerkleinern Sie ebenfalls und geben beides in die Topfform.
Kurz vor Ende dieser Zeit schneiden Sie die Zwiebeln in Würfel oder Ringe und dünsten sie in Butter oder Margarine glasig. Zuletzt richten Sie die Zwiebeln auf den Erbsen an, die Sie zuvor mit Salz und Majoran abgeschmeckt haben.

☐ 75 Min./220°C

Grüner Bohneneintopf

1000 g grüne Bohnen · 500 g Kartoffeln
---
500 g Hammelfleisch · 1 Sträußchen Bohnenkraut

Salz, Pfeffer · ½—1 l Wasser

Die gewaschenen Bohnen befreien Sie von Fäden und brechen sie in ungefähr drei Zentimeter lange Stücke. Die Kartoffeln werden gewaschen, geschält und in Würfel geschnitten. Anschließend wird das Fleisch in Würfel oder dünne Scheiben zerteilt.

Nun legen Sie die Bohnen mit Bohnenkraut, Fleisch und Kartoffeln in dünnen Schichten in die gewässerte Tonform. Bestreuen Sie die einzelnen Schichten mit Salz und Pfeffer. Bitte seien Sie vorsichtig! Man unterschätzt dabei sehr leicht die Menge von Pfeffer und Salz und würzt zu stark. Zuletzt gießen Sie soviel Wasser zu, daß alles eben bedeckt ist.

⊟ 90 Min./250°C

Linsentopf

500 g Linsen · 2 l Wasser · 1 Bund Suppengrün
½ Lorbeerblatt · 2 EL Essig · Salz
100 g durchwachsener Räucherspeck am Stück
3–4 Krakauer

Weichen Sie die Linsen in zwei Liter Wasser über Nacht ein. Am nächsten Tag füllen Sie die Linsen mit dem Einweichwasser in eine gewässerte Tonform. Dann schneiden Sie das geputzte Suppengrün klein und geben es, zusammen mit Lorbeerblatt, Essig und Salz, dazu. Legen Sie den Speck obenauf und schließen Sie die Form.

Kurz vor dem Ende der Garzeit schneiden Sie die Krakauer in Scheiben, die Sie in der Pfanne von beiden Seiten anbraten. Schalten Sie den Herd dabei auf kleine Flamme, und geben Sie kein Fett in die Pfanne; das Fett in der Wurst genügt.

Inzwischen schneiden Sie den Speck klein und geben ihn, zusammen mit den angebräunten Wurstscheiben, dem Linsentopf bei. Anschließend sofort servieren.

⊟ 120 Min./250°C

Möhreneintopf

100 g Möhren (gelbe Rüben) · 500 g Kartoffeln · Salz, Pfeffer

375–500 g Räucherwurst am Stück

¾ l Wasser · 1 Sträußchen Petersilie

Zunächst putzen Sie die Möhren und schneiden sie in Scheiben. Dann waschen und schälen Sie die Kartoffeln und zerteilen sie in Würfel.

Schichten Sie in die gewässerte Tonform abwechselnd Möhren und Kartoffeln. In die Mitte hinein kommt die Räucherwurst, damit ihr Geschmack besser durchziehen kann. Nun würzen Sie vorsichtig — da auch die Räucherwurst einen Teil ihrer Würze abgibt — mit Salz und Pfeffer. Gießen Sie soviel Wasser auf, bis der Eintopf gerade bedeckt ist.

Vor dem Servieren schneiden Sie die Wurst klein und überstreuen das Gericht mit feingewiegter Petersilie.

75 Min./250 °C

Kohlrabieintopf

750 g Kohlrabi · 375 g Kartoffeln

500 g mageres Rindfleisch

1 Messerspitze gemahlene Muskatnuß

½–¾ l Fleisch- oder Würfelbrühe

Schälen Sie die Kohlrabi, und schneiden Sie sie in Stifte. Die geschälten Kartoffeln schneiden Sie in Würfel, ebenso das Fleisch. Dann schichten Sie die Kohlrabi abwechselnd mit den Kartoffeln und dem Fleisch in die gewässerte Tonform. Rühren Sie Muskatnuß unter die Brühe, die Sie dazugießen. Die oberste Schicht muß knapp bedeckt sein.

◳ 75 Min./250°C

Novembertopf

375 g Weißkohl · 375 g gelbe Rüben · 2 Stangen Lauch
500 g Kartoffeln
375 g durchwachsener Räucherspeck am Stück
2 Gewürznelken · 4 Pfefferkörner · ½ Lorbeerblatt
1–1½ l Salzwasser · 1 Sträußchen Petersilie

Hobeln Sie den Weißkohl in feine Streifen. Die geputzten gelben Rüben schneiden Sie in Scheiben, entfernen das harte Grün von den Lauchstangen, waschen und schneiden sie in Ringe. Die geschälten Kartoffeln werden in kleine Würfel geschnitten.
Legen Sie den Speck zusammen mit den Gewürznelken, Pfefferkörnern und dem Lorbeerblatt in die gewässerte Tonform. Darauf kommen nun der gehobelte Weißkohl, die Möhrenscheiben, die Lauchringe und obenauf die Kartoffelwürfel. Gießen Sie soviel Salzwasser an, daß die Kartoffeln eben bedeckt sind.
Nach dem Ende der Garzeit nehmen Sie den Speck heraus und schneiden ihn in Scheiben, die Sie auf dem Novembertopf anrichten. Mit feingewiegter Petersilie überstreut, wird diese Mahlzeit serviert.

◳ 75 Min./220°C

Hirtensuppe

---

375 g Rindfleisch · 250 g Schweinefleisch

50 g geräucherter Speck · 1 mittelgroße Zwiebel · 1 EL Mehl

250 g Tomaten · 2 Knoblauchzehen

1¼ l Fleisch- oder Würfelbrühe · 1 TL Kümmel

1 Messerspitze Thymian · 1 TL Paprikapulver, edelsüß

Salz · 300–350 g Kartoffeln

Zunächst schneiden Sie beide Fleischsorten in Würfel, die Sie, gut miteinander vermischt, in die gewässerte Tonform füllen. Dann schneiden Sie den Speck in kleine Würfel und lassen ihn in einer Pfanne glasig braten. Geben Sie die ebenfalls kleingeschnittene Zwiebel dazu, bestäuben alles mit Mehl und rösten es leicht an. Anschließend löschen Sie mit etwas Brühe ab und füllen den Pfanneninhalt über die Fleischstücke in der Tonform.

Nun überbrühen Sie die Tomaten, ziehen ihnen die Haut ab und hacken das Fruchtfleisch in kleine Stücke. Sie kommen auch in die Form. Darüber zerdrücken Sie die Knoblauchzehen und gießen dann mit Brühe auf. Geben Sie die Gewürze — Kümmel, Thymian und Paprikapulver — zu. Salzen Sie nach Geschmack. Schälen Sie die Kartoffeln, und schneiden Sie sie in Scheiben. Sie kommen als letzte Zutat in den Topf, bevor Sie den Deckel schließen.

Reichen Sie zur Hirtensuppe dunkles Bauernbrot.

▭ 120 Min./220 °C

Bauerntopf

500 g geräucherter Halsgrat ohne Knochen
250 g durchwachsener Räucherspeck · 4 Möhren
3 Stangen Lauch · ½ Sellerieknolle
½ kleiner Weißkohl · ¾–1 l Wasser · 2 große Zwiebeln
1 EL Butter oder Margarine · ½ Bund Schnittlauch
½ Sträußchen Petersilie · Salz, Pfeffer

Schneiden Sie Halsgrat und Speck in eineinhalb Zentimeter große Würfel. Bedecken Sie damit den Boden der gewässerten Tonform. Dann putzen Sie Möhren und Lauch, bevor Sie beides in Scheibchen schneiden. Den ebenfalls geputzten Sellerie teilen Sie in Stifte und hobeln den Weißkohl. Mischen Sie das Gemüse, und schichten Sie es auf die Fleischwürfel. Nun gießen Sie soviel Wasser zu, daß alles eben bedeckt ist. Schließen Sie die Form, und stellen Sie sie ins Rohr.

Kurz vor dem Garzeitende würfeln Sie die Zwiebeln. Zerlassen Sie die Butter oder Margarine in einer Pfanne, und rösten Sie darin die Zwiebelwürfel goldgelb. Wiegen Sie die Petersilie fein, und schneiden Sie den Schnittlauch in Röllchen, nicht ganz fein.

Schmecken Sie das Gericht mit Salz und Pfeffer ab. Dann streuen Sie Schnittlauch, Petersilie und geröstete Zwiebeln darüber. Servieren Sie den Bauerntopf in der Tonform. Dazu gibt's dunkles Brot und Bier oder Rotwein.

120 Min./220°C

Schottischer Hammeltopf

750 g mageres Hammelfleisch · 2 Hammelnieren

500 g Kartoffeln · 2 Knoblauchzehen

½ TL Thymian · Salz · ½ l Wasser

Zunächst schneiden Sie das Fleisch in Würfel, die gewässerten Nieren in Scheiben. Dann schälen Sie die Kartoffeln, um sie anschließend in Stifte oder Scheiben zu schneiden. Dann vermischen Sie alles gut und füllen es in eine gewässerte Tonform. Darüber zerdrücken Sie die Knoblauchzehen und würzen mit Thymian und Salz. Gießen Sie das Wasser zu, bevor Sie die Form schließen.

▭ 90 Min./220 °C

Fisch-Gemüse-Topf

500 g Rotbarschfilet · 250 g Möhren · 375 g Erbsen

150 g grüne Bohnen · 1 Paprikaschote

1 l Fleisch- oder Würfelbrühe · 1 mittelgroße Zwiebel

2 EL Öl · 1 kleines Sträußchen Petersilie

Schneiden Sie das Fischfilet in mundgerechte Würfel. Dann putzen Sie die Möhren und schneiden sie in dicke Scheiben. Enthülsen Sie die Erbsen. Von den Fäden befreit, brechen Sie die Bohnen in Stücke. Entfernen Sie die Kerne aus der Paprikaschote, die Sie dann in Streifen schneiden. Mischen Sie alle diese Zutaten, und füllen Sie sie in die gut gewässerte Tonform. Dann gießen Sie die Fleisch- oder Würfelbrühe dazu, schließen die Form und stellen

sie ins Backrohr. Kurz vor Ablauf der Garzeit schälen Sie die Zwiebel und schneiden sie in feine Ringe. Während diese in einer Pfanne in heißem Öl schön goldgelb braten, wiegen Sie die Petersilie mittelfein.
Streuen Sie beides über das fertige Gericht, bevor Sie es in der Form servieren.

◱ 60 Min./220°C

Lammtopf

750 g Lammfleisch aus der Schulter
375 g grüne Bohnen · 5 fleischige Tomaten
2 gelbe Paprikaschoten · 1 TL Knoblauchpulver
Salz, Pfeffer · ½ l Wasser
¼ l Weißwein · 1 Becher Joghurt

Schneiden Sie das Lammfleisch in mundgerechte Würfel. Befreien Sie die Bohnen von Fäden, und brechen Sie sie in Stücke. Sie überbrühen die Tomaten, ziehen ihnen die Haut ab und achteln sie. Entfernen Sie die Kerne aus den Paprikaschoten, und schneiden Sie sie in Streifen. Vermischen Sie diese Zutaten miteinander, und füllen Sie sie in den gewässerten Tontopf. Stäuben Sie Knoblauchpulver darüber, und würzen Sie mit Salz und frisch gemahlenem Pfeffer. Verrühren Sie Wasser mit Wein, und gießen Sie die Flüssigkeit in die Form. Schließen Sie den Deckel, und stellen Sie die Form ins Rohr. Vor dem Servieren schlagen Sie den Joghurt schaumig, und rühren Sie ihn unter das fertige Gericht. Es sollte nun sofort serviert werden. Reichen Sie frisches Landbrot dazu.

◱ 75 Min./220°C

Russische Kohlsuppe

(Foto Seite 51)

---

2 Stangen Lauch · 2 Möhren · 1 Petersilienwurzel

500 g Sauerkraut · 750 g Rindfleisch (Brust)

500 g durchwachsener Räucherspeck · 6 Pfefferkörner

4 Wacholderbeeren · 2 Gewürznelken · 1 Lorbeerblatt

1 TL Knoblauchpulver · 1–1½ l Salzwasser

Salz, Pfeffer · 1 Prise Zucker

Zunächst bereiten Sie das Gemüse vor: Putzen Sie Lauch, Möhren und Petersilienwurzel, und schneiden Sie alles in dünne Scheiben. Zupfen Sie das Sauerkraut locker auseinander, und schneiden Sie es, wenn nötig, klein.

Nun legen Sie das Rindfleisch und den Räucherspeck in die gewässerte Tonform. Vermischen Sie die Gemüse miteinander, und geben Sie sie dazu. Füllen Sie Pfefferkörner, Wacholderbeeren, Gewürznelken und Lorbeerblatt in ein Mullsäckchen und fügen es bei. Streuen Sie das Knoblauchpulver ein, und gießen Sie mit so viel Salzwasser auf, daß alles eben bedeckt ist. Dann schließen Sie die Form und stellen sie in das Backrohr.

Nach dem Ende der Garzeit nehmen Sie Fleisch und Speck aus dem Topf und schneiden beides in Scheiben. Entfernen Sie das Mullsäckchen mit den Gewürzen. Schmecken Sie mit Salz, Pfeffer und einer Prise Zucker ab. Anschließend legen Sie die Fleisch- und Speckscheiben in die Form zurück. In Rußland wird — getrennt — zur Kohlsuppe saure Sahne serviert. Rechnen Sie einen Eßlöffel voll für jede Person.

☐ 120 Min./220°C

Gurkentopf

250 g Kartoffeln · 3 junge Salatgurken (ca. 1000 g)
1 große Zwiebel · 1–2 EL Öl · 4 große fleischige Tomaten
2 EL gehackter Dill · ¾ l Fleisch- oder Würfelbrühe
1 Cabanos oder ähnliche Räucherwurst

Schälen Sie die Kartoffeln, und würfeln Sie sie. Junge Gurken brauchen Sie nur zu waschen, jedoch nicht zu schälen. Ihre Schale schmeckt noch nicht bitter. Halbieren Sie sie, und schneiden Sie sie anschließend in vier Millimeter dicke Stücke. Schälen Sie die Zwiebel, und hacken Sie sie in kleine Würfel. Erhitzen Sie das Öl in einer Pfanne. Darin rösten Sie die Zwiebeln goldgelb. Dann überbrühen Sie die Tomaten, ziehen ihnen die Haut ab und achteln sie. Nun füllen Sie Kartoffeln, Gurken und Tomaten in den gewässerten *Römertopf* ein, und fügen Sie den gehackten Dill bei. Rühren Sie kurz um, damit alles gut vermischt ist. Streuen Sie die gerösteten Zwiebeln darüber, und gießen Sie so viel Fleischbrühe dazu, daß alle Zutaten eben bedeckt sind. Zuletzt schneiden Sie die Wurst in zwei Zentimeter lange Stücke und drücken sie zwischen das Gemüse.

Servieren Sie den Gurkentopf in der Tonform. Reichen Sie dazu Sauerrahm (ein Eßlöffel voll auf jede Portion) und dunkles Brot. Daß bei diesem Rezept kein Salz angegeben ist, ist kein Versehen. Fleischbrühe und Wurst geben genügend Wüze an die anderen Zutaten ab. Sollte es Ihnen dennoch nicht genügen, salzen Sie bitte nach eigenem Ermessen vor dem Servieren nach.

▤ 60 Min./220 °C

Meeresfrüchte-Reistopf

500 g Fischfilet · 250 g Tiefseekrabben

1 Dose Muscheln in Öl

je 1 kleine grüne und gelbe Paprikaschote

3 Tassen körnig gekochter Reis · ½ TL Currypulver

Salz, Pfeffer · 1 Glas Weißwein

Schneiden Sie das Fischfilet in mundgerechte Würfel. Spülen Sie die Krabben unter kaltem Wasser kurz ab und lassen sie abtropfen. Gießen Sie das Öl von den Muscheln ab. Entkernen Sie die Paprikaschoten, und schneiden Sie sie in feine Streifen. Geben Sie all diese Zutaten zusammen mit dem Reis in eine Schüssel. Würzen Sie mit Curry, Salz und Pfeffer. Anschließend füllen Sie alles in den gewässerten *Römertopf* um. Gießen Sie den Weißwein zu, und schließen Sie die Form.

▭ 60 Min./220 °C

Pichelsteiner Fischtopf

1000 g Fischfilet · 500 g Kartoffeln · 1 Knolle Sellerie

300 g gelbe Rüben · 3 Stangen Lauch

½ kleiner Weißkohl · 1 l Salzwasser

1 Sträußchen Petersilie oder 1 Bund Schnittlauch

Schneiden Sie das Fischfilet in Würfel, ebenso die geschälten Kartoffeln. Dann schälen Sie die Sellerieknolle und schneiden sie in Stifte. Die geputzten gelben Rüben werden in Scheiben, der Lauch in Ringe zerteilt. Den Weißkohl hobeln Sie fein. Nun vermischen Sie alles gut miteinander, füllen es in die gewässerte Tonform und gießen das Salzwasser zu. Schließen Sie die Form, und stellen Sie sie in das Rohr.

Bringen Sie den Pichelsteiner Fischtopf, mit gewiegter Petersilie oder Schnittlauchröllchen bestreut, zu Tisch.

▭ 55 Min./250°C

Schweineschultertopf

5–6 Portionen
1500 g Schweineschulter mit Schwarte ohne Knochen
Salz, Pfeffer · 1 EL Kräutersenf · 750 g Möhren
500 g Kartoffeln · 1 Tasse Wasser
1 kleines Sträußchen Petersilie

Lassen Sie von Ihrem Metzger die Schwarte über Kreuz einritzen. Nun reiben Sie das Fleischstück rundum mit Salz und Pfeffer ein. Bestreichen Sie es — ausgenommen die Schwarte — zusätzlich mit Kräutersenf und legen es in den gewässerten Tontopf. Putzen Sie die Möhren, und schneiden Sie sie in Scheiben. Schälen Sie die Kartoffeln und würfeln sie. Vermischen Sie beides miteinander, und umlegen Sie damit das Fleisch. Es soll aber wirklich umlegt und nicht etwa zugedeckt werden, die Kruste würde nicht knusprig werden. Das gilt übrigens auch, wenn Sie die Schwarte mit Senf bestreichen. Nun salzen und pfeffern Sie nach Geschmack und gießen das Wasser zu. Kurz vor Ablauf der Garzeit wiegen Sie die Petersilie und bestreuen das Gericht damit.

▭ 130 Min./250°C

Gemüsegerichte

Wirsinggemüse

---
1 Kopf Wirsing (1000 g) · 1 TL Salz · 1 TL weißer Pfeffer
1 Messerspitze gemahlener Kümmel · 1 Prise Zucker
50 g durchwachsener Räucherspeck
1 große Zwiebel · 1 Tasse Weißwein
2 Tassen Sahne · 1 Eigelb

Putzen Sie den Wirsing. Brausen Sie ihn unter fließendem Wasser ab und lassen ihn gut abtropfen. Schneiden Sie ihn in Viertel, entfernen Sie den Strunk, schneiden die Blätter in Streifen und füllen sie in den gewässerten Tontopf. Streuen Sie Salz, etwas weißen Pfeffer, eine Prise Zucker und den Kümmel darüber. Schneiden Sie den Räucherspeck in kleine Würfel, und verteilen Sie sie über das Gemüse. Schälen Sie die Zwiebel, schneiden sie in Ringe und decken sie darüber. Zuletzt gießen Sie Wein und eine Tasse Sahne dazu und schließen die Form.

Nach Ende der Garzeit verrühren Sie das Eigelb mit der restlichen Sahne, und legieren Sie damit die Kochflüssigkeit.

Reichen Sie deftige Koteletts oder Bratwürste und Salzkartoffeln dazu.

▭ 60 Min./220°C

▧ 30 Min./600 W + 3 Min. Stehzeit

Westfälischer Weißkohl

1 Kopf Weißkohl (ca. 1000 g) · 1–2 EL Schweineschmalz
2 kleine saure Äpfel · 1 TL Kümmel
1 EL Weinessig · ¼ l Fleisch- oder Würfelbrühe
1 Prise Zucker

Hobeln Sie den Weißkohl in schmale Streifen, und entfernen Sie dabei den Strunk. Zerlassen Sie das Schweineschmalz in einem Topf, füllen die Kohlstreifen hinein und braten sie unter Rühren darin an. Dann ziehen Sie den Topf vom Herd, damit der Inhalt abkühlen kann.

Inzwischen schälen und entkernen Sie die Äpfel und schneiden sie in dünne Schnitze.

Nun füllen Sie den Kohl in den gut gewässerten *Römertopf* um, mischen die Apfelschnitze darunter und streuen den Kümmel darüber. Verrühren Sie Weinessig und Fleischbrühe mit einer Prise Zucker. Gießen Sie die Mischung in die Form und schließen Sie den Deckel.

Schmecken Sie den Weißkohl eventuell mit etwas Salz ab, bevor Sie ihn zu Salzkartoffeln und Bratwurst servieren.

▭ 60 Min./220°C

≋ 30 Min./600 W + 3 Min. Stehzeit

Paprikagemüse

---
750 g grüne Paprikaschoten · 500 g fleischige Tomaten

⅛ l Sauerrahm · 1 gestrichener TL Zwiebelsalz

Salz, Pfeffer · 1 EL Butter

Entkernen Sie die Paprikaschoten, und schneiden Sie sie in Streifen. Die Tomaten übergießen Sie mit kochendem Wasser, ziehen ihnen die Haut ab und schneiden sie in Scheiben. Vermischen Sie alles und füllen Sie es in die gewässerte Tonform. Verrühren Sie das Zwiebelsalz im Sauerrahm, und gießen Sie diese Mischung über das Gemüse. Wenn nötig, schmecken Sie das fertige Gericht mit etwas Salz und ganz wenig frisch gemahlenem Pfeffer ab. Zur Geschmacksverfeinerung lassen Sie über dem Ganzen die in kleinen Flöckchen aufgesetzte Butter zergehen.

Reichen Sie das Paprikagemüse zu Speckpfannkuchen oder zu herzhaften Fleischgerichten von Schwein oder Rind. Auch mit Reis allein ergibt es eine vorzügliche Mahlzeit.

▤ 60 Min./220°C

≈ 20 Min./600 W + 3 Min. Stehzeit

Schwarze Bohnen, mexikanische Art

---
250 g schwarze Bohnen · 1 l Wasser · 2 EL Öl
---
1 Dose Gemüsemais (ca. 300 g) · Salz, Chilipulver

6–8 Scheiben durchwachsener Räucherspeck

Die Zubereitung dieses Gerichtes beginnt bereits am Vortag. Waschen Sie die Bohnen, und füllen Sie sie in eine Schüssel. Dann gießen Sie das Wasser darüber und lassen die Bohnen über Nacht darin weichen.

Anderntags füllen Sie die Bohnen mit dem Einweichwasser in den gewässerten *Römertopf* um. Rühren Sie das Öl dazu, damit die Bohnenkerne während des Garens nicht platzen. Mischen Sie auch den Mais darunter. Würzen Sie mit Salz und etwas Chilipulver. Decken Sie die Speckscheiben darüber und schließen Sie die Form.

Reichen Sie zu schwarzen Bohnen Lammkoteletts und körnig gekochten Reis.

▤ 75 Min./220°C

Rotkohl

1 Kopf Rotkohl (ca. 1000 g) · 1 Zwiebel · 2 Nelken
½ Lorbeerblatt · 1 großer saurer Apfel
1 Prise Zucker · Salz · 1 Glas Apfelwein

Hobeln Sie den Kohl, nachdem Sie die äußeren Blätter entfernt haben. Der Strunk wird nicht verwendet.

Den gehobelten Rotkohl füllen Sie in einen gewässerten Tontopf. Spicken Sie die geschälte Zwiebel mit den Nelken und drücken Sie sie, zusammen mit dem Lorbeerblatt, zwischen den Kohl. Dann schälen und entkernen Sie den Apfel und schneiden ihn in schmale Schnitze, die Sie über den Rotkohl schichten. Nun würzen Sie mit Zucker und Salz und gießen vorsichtig ein Glas Apfelwein darüber, bevor Sie die Form schließen.

Rotkohl ist sehr vielseitig zu servieren. Er paßt zu Rindfleisch ebensogut wie zur Ente oder zu Reh, Hirsch oder Wildschwein.

▤ 75 Min./220°C

≋ 15 Min./600 W +
20 Min./300 W + 3 Min. Stehzeit

Russische Kohlsuppe (Rezept Seite 43)

Gefüllte Auberginen

4 Auberginen · 1 kleine Dose Champignons
½ Zwiebel · 1 Knoblauchzehe · 1 Prise Rosmarin
Salz, Pfeffer · 1 EL Gin · 1 Tasse geriebener Parmesankäse

Sie waschen die Auberginen, schneiden die Spitzen ab und halbieren die Früchte der Länge nach. Dann höhlen Sie das Innere aus und schneiden das herausgenommene Fruchtfleisch klein.
Für die Füllung hacken Sie die Champignons und Zwiebel klein und zerdrücken darüber die Knoblauchzehe. Dann geben Sie das zerkleinerte Fruchtfleisch dazu, mischen alles gut und würzen mit Rosmarin, Salz und Pfeffer. Verteilen Sie die Füllung auf die Auberginenhälften, die Sie anschließend in eine gewässerte Tonform setzen. Beträufeln Sie die Hälften mit Gin, und bestreuen Sie sie zuletzt mit geriebenem Parmesankäse.
Zu den gefüllten Auberginen servieren Sie körnigen Reis.

☐ 60 Min./220°C

≋ 25 Min./600 W + 5 Min. Stehzeit

Emmentaler Tomaten

125 g durchwachsener Räucherspeck in Scheiben
8 große schnittfeste Tomaten
150 g Emmentaler Käse in Scheiben
Paprikapulver, edelsüß · Schnittlauch

Legen Sie eine gewässerte Tonform mit der Hälfte der Speckscheiben aus. Darauf setzen Sie die Tomaten, die Sie gewaschen und halbiert haben, mit der Schnittfläche nach oben. Nun belegen Sie die Tomaten mit den restlichen Speckscheiben und decken diese wiederum mit Käsescheiben ab. Dann schließen Sie die Form und stellen sie in den Ofen.

Die Emmentaler Tomaten servieren Sie mit Paprikapulver und Schnittlauchröllchen bestreut zu dunklem Bauernbrot als kleines Abendessen.

☐ 45 Min./220°C

Gebackener Sellerie

4 mittelgroße Knollen Sellerie
4 Scheiben gekochter Schinken · 2 EL Tomatenmark
3 EL geriebener Parmesankäse · ¼ l Sauerrahm · Salz

Schälen Sie die Sellerieknollen, und setzen Sie sie in eine gewässerte Tonform. Legen Sie auf jede Knolle eine Scheibe gekochten Schinken. Dann verrühren Sie Tomatenmark und Parmesankäse mit dem Sauerrahm, salzen nach Geschmack und gießen anschließend die Flüssigkeit über die Sellerieknollen. Nun schließen Sie die Form und stellen sie ins Backrohr. Mit Röstkartoffeln und dicken Scheiben von kaltem gekochtem Schinken servieren.

☐ 90 Min./220°C

Blumenkohl mit Käsesauce

1 großer Kopf Blumenkohl · ¼ l Salzwasser oder Brühe
1 Messerspitze gemahlene Muskatnuß
250 g Chesterkäse in Scheiben (45%)

Zerteilen Sie den gewaschenen Blumenkohl so in Röschen, daß sich gleich große Köpfchen ergeben. Setzen Sie sie mit den Stielen nach unten in eine gut gewässerte Tonform. Dann übergießen Sie alles mit Salzwasser oder Brühe und bestäuben es anschließend mit Muskatnuß. Kurz vor dem Ende der Garzeit wird der Blumenkohl mit dem Käse belegt und offen überbacken. Servieren Sie dazu Salzkartoffeln.

▤ 50 Min./250°C

≋ 20 Min./600 W + 5 Min. Stehzeit

Gemüse - Fleischgerichte

Mais mit Fleischklößchen

---
500 g Hackfleisch · 1 Ei · 2—3 EL Semmelbrösel
---
1 mittelgroße grüne Paprikaschote
---
2 Dosen Gemüsemais

10—12 Scheiben durchwachsener Räucherspeck

Salz, Pfeffer

Zunächst bereiten Sie das Hackfleisch zu. Dabei vermischen Sie es mit Ei und Semmelbröseln und schmecken mit Salz und Pfeffer ab. Nun entkernen Sie die Paprikaschote und schneiden sie in kleine Würfel. Diese Würfelchen kneten Sie unter die Fleischmasse und formen zwölf Bällchen daraus.

Jetzt füllen Sie zuerst den Mais in den *Römertopf* und setzen die Hackfleischbällchen obenauf. Decken Sie die Speckscheiben darüber, und schließen Sie die Form.

Zu Mais mit Fleischklößchen paßt am besten körnig gekochter Reis.

☰ 69 Min./220°C

≋ 15 Min./600 W +
15 Min./300 W + 5 Min. Stehzeit

Gefüllte Tomaten

4 große oder 8 kleine Tomaten
FÜR DIE FÜLLUNG:
50 g Räucherwurst (Hartwurst) · 100 g Champignons
1 kleine Zwiebel · 150 g Hackfleisch
1 kleines Sträußchen Petersilie · etwas Currypulver
Pfeffer, Salz
FÜR DIE SAUCE:
4 EL Sahne oder Dosenmilch · Salz · 1 Prise Currypulver
1 TL geriebener Parmesankäse
ZUM BESTREUEN:
2 EL geriebener Parmesankäse

Waschen Sie die Tomaten und schneiden Sie oben jeweils einen flachen Deckel ab. Dann höhlen Sie die Tomaten mit einem Kaffeelöffel aus. Das Innere der Tomaten wird für dieses Rezept nicht mehr benötigt. Verwenden Sie es bitte für eine Tomatensuppe oder -sauce.

Für die Füllung schneiden Sie die Wurst in ganz kleine Würfelchen. Die geputzten Champignons und die geschälte Zwiebel hakken Sie fein, vermischen diese Zutaten mit dem Hackfleisch und geben die feingewiegte Petersilie dazu. Die Masse schmecken Sie mit Currypulver, Pfeffer und wenig Salz ab. Nun salzen Sie das Innere der Tomaten und füllen die Hackfleischmasse hinein. Anschließend werden die Tomaten mit ihrem Deckelchen in eine gewässerte Tonform gesetzt. Nun verrühren Sie Sahne oder Dosenmilch mit Currypulver, Salz und einem Teelöffel geriebenem Parmesankäse. Diese Sauce gießen Sie zu den Tomaten, die Sie außerdem mit je einem halben Eßlöffel Käse überstreuen.

Die gefüllten Tomaten eignen sich vorzüglich als warme Abendmahlzeit, zu der Sie Toast und Kräuterbutter reichen. Wollen Sie

sie jedoch als Mittagessen servieren, so werden Sie wahrscheinlich mit stärkerem Appetit rechnen müssen. Verdoppeln Sie die Menge, und geben Sie körnig gekochten Reis oder breite Nudeln dazu, die Sie mit ein wenig gehackter Petersilie garnieren.

◱ 45 Min./220°C

≋ 20 Min./600 W + 2 Min. Stehzeit

Gefüllte Kohlrabi

8 Kohlrabi · 250 g Hackfleisch · 1 mittelgroße Zwiebel
1 Ei · 1 EL Semmelbrösel · 1 Prise Muskatnuß
Salz · 1 Messerspitze Paprikapulver, edelsüß
⅛ l Sahne oder Dosenmilch

Kochen Sie zunächst die geschälten Kohlrabi in Salzwasser etwa zehn Minuten lang. Anschließend höhlen Sie sie aus, hacken das herausgeschnittene Kohlrabifleisch fein und mischen es unter das Hackfleisch, dem Sie die kleingeschnittene Zwiebel, das Ei, die Semmelbrösel und die Gewürze zusetzen. Die gut durchgearbeitete Masse füllen Sie in die Kohlrabi, die Sie in eine gewässerte Tonform legen. Zuletzt übergießen Sie sie mit Sahne oder Dosenmilch.
Dazu reichen Sie Salzkartoffeln oder Kartoffelpüree.

◱ 50 Min./250°C

Gefüllte Paprikaschoten

(Foto Seite 69)

4 große Paprikaschoten · 1 Ei · 2 EL Semmelbrösel
½ feingehackte Zwiebel · 1 Knoblauchzehe
500 g Hackfleisch · Pfeffer, Salz
ZUSÄTZLICH:
2 Paprikaschoten · 4 Tomaten

Schneiden Sie von den gewaschenen Paprikaschoten Deckelchen ab, und entfernen Sie die Samenkerne aus dem Schoteninneren. Dann vermischen Sie das Ei, die Semmelbrösel, die feingehackte Zwiebel und die zuvor zerdrückte Knoblauchzehe mit dem Hackfleisch und schmecken es nach Belieben mit Salz und Pfeffer ab. Füllen Sie die Masse in die Paprikaschoten, und setzen Sie das jeweils dazugehörige Deckelchen obenauf. Die so vorbereiteten Schoten kommen nun in die gewässerte Tonform.
Dann schneiden Sie die zwei zusätzlichen Schoten in Streifen. Die Tomaten überbrühen Sie kurz mit heißem Wasser, damit Sie die Haut leichter entfernen können. Vierteln Sie die Tomaten und umlegen Sie damit, zusammen mit den Paprikastreifen, die gefüllten Schoten. Streuen Sie etwas Salz darüber und schließen Sie die Form. Dazu reichen Sie körnig gekochten Reis.

☐ 90 Min./250°C

☷ 15 Min./600 W +
15 Min./300 W + 4 Min. Stehzeit

Gefüllte Gurken

2 kurze dicke Salatgurken · 250 g Hackfleisch · 1 Ei
2 EL Semmelbrösel · 1 Messerspitze Thymian
Salz, Pfeffer · ¼ l Sauerrahm

Zunächst schälen und halbieren Sie die Gurken. Die Kerne kratzen Sie mit einem Löffel heraus. Für die Füllung vermischen Sie das Hackfleisch mit Ei und Semmelbröseln und würzen mit Thymian, Salz und Pfeffer.

Nun reiben Sie die Gurkenhälften rundum mit Salz ein und füllen sie mit der vorbereiteten Masse. Setzen Sie die Gurkenschiffchen in eine gewässerte Tonform, und gießen Sie den Sauerrahm dazu.

 50 Min./220°C

Kohlrouladen in Paprikasauce

1 Kopf Weißkohl, ca. 1000 g schwer
500 g Hackfleisch · 1 Ei · 1 EL Semmelbrösel
1 mittelgroße Zwiebel · Paprikapulver, edelsüß · Salz
½ Tube Tomatenmark · ½ l Fleisch- oder Würfelbrühe
1 EL Paprikapulver, edelsüß
FÜR DIE SAUCE:
1–2 TL Mehl · ⅛ l Sahne oder Dosenmilch
1 Messerspitze Paprikapulver, scharf · 1 Prise Salz

Entfernen Sie die äußeren Blätter des Kohlkopfes und schneiden Sie den Strunk heraus. Dann legen Sie den Kopf ungefähr zehn

Minuten in siedendes Wasser. Anschließend sind die Blätter geschmeidiger und können leichter verarbeitet werden. Nun mischen Sie das Hackfleisch mit Ei, Semmelbröseln und feingehackter Zwiebel. Würzen Sie mit Paprikapulver und Salz. Verwenden Sie für jede Roulade ein großes als »Deckblatt« und zwei bis drei kleine Blätter als »Füllblätter«. Belegen Sie die Blätter mit Hackfleischfüllung und rollen Sie anschließend alles fest zusammen.
Dann stecken Sie große Zahnstocher so hinein, daß die Roulade nicht wieder auseinanderfallen kann.
Die so vorbereiteten Kohlrouladen werden nebeneinander in eine gewässerte Tonform geschichtet. Nun verrühren Sie das Tomatenmark mit Fleisch- oder Würfelbrühe und Paprikapulver und gießen die Flüssigkeit zu den Rouladen.
Die gegarten Kohlrouladen legen Sie auf eine vorgewärmte Platte. Die Flüssigkeit füllen Sie in einen kleinen Topf um, erhitzen sie und binden die Sauce mit Mehl, das Sie in der Sahne oder Dosenmilch klümpchenfrei verrührt haben. Schmecken Sie mit scharfem Paprikapulver und Salz ab, bevor Sie Sauce und Kohlrouladen getrennt servieren.

▤ 65 Min./220°C

▩ 15 Min./600 W +
20 Min./350 W + 5 Min. Stehzeit

Gefüllter Weißkohl

4–5 Portionen
1 mittelgroßer Kopf Weißkohl, 1500 g schwer
1 TL Kümmel · Salz, Pfeffer
FÜR DIE FÜLLUNG:
50 g durchwachsener Räucherspeck, in kleine Würfel geschnitten
500 g Hackfleisch · 1 kleine Zwiebel · 1 Ei
2 EL Semmelbrösel · ½ TL Muskatnuß · Salz, Pfeffer
5 Scheiben Räucherspeck · 1 TL Kümmel

Schneiden Sie aus dem Kohlkopf den Strunk heraus, bevor Sie ihn zehn bis zwölf Minuten in heißem Salzwasser ziehen lassen. Lösen Sie vom Strunkloch her die Blätter vorsichtig von innen heraus, so daß ein hohler Kohlkopf von ungefähr zwei Zentimeter Wanddicke bleibt. Nun salzen und pfeffern Sie die Innenseite des Kohls, streuen ihn mit Kümmel aus und füllen das Hackfleisch hinein, das Sie folgendermaßen vorbereitet haben:
Den kleinwürfelig geschnittenen Speck lassen Sie in der Bratpfanne aus und geben die Würfelchen — ohne das ausgebratene Fett — zum Hackfleisch. Auch die Zwiebel schneiden Sie in kleine Würfel, braten sie in der Pfanne glasig und geben sie dann — ebenfalls ohne Fett — dazu. Vermischen Sie das Fleisch mit Ei, Semmelbröseln, Muskatnuß, Salz und Pfeffer.
Den gefüllten Kohlkopf legen Sie mit dem Strunkloch nach oben in eine gewässerte Tonform. So kann beim Backen der Fleischsaft nicht herauslaufen. Die übriggebliebenen Weißkohlblätter schneiden Sie in grobe Stücke, die Sie um den Kohlkopf legen und mit Kümmel, Salz und Pfeffer bestreuen. Zum Schluß verteilen Sie die Speckscheiben über das Ganze und schließen die Form.

Zu dem gefüllten Weißkohl reichen Sie körnig gekochten Reis oder Salzkartoffeln.

⊟ 120 Min./220°C

Sollte Ihnen das obengenannte Rezepot in seiner Ausführung zu schwierig erscheinen, probieren Sie folgende Variante:
Die Zutaten bleiben dieselben wie im obigen Rezept. Zunächst halbieren Sie den Kohlkopf und legen eine Hälfte beiseite. Aus dem verbliebenen Stück entfernen Sie den Strunk und schneiden den Kohl in grobe Stücke. Damit legen Sie die gut gewässerte Tonform aus, streuen wenig Salz und Pfeffer und einen halben Teelöffel Kümmel darüber. Stellen Sie den Fleischteig her, wie im vorgenannten Rezept beschrieben, und verteilen Sie ihn gleichmäßig auf das Kohlbett. Nun verfahren Sie mit der zweiten Kohlhälfte wie mit dem ersten Stück. Dann belegen Sie die Fleischschicht mit den Kohlstücken, bestreuen sie wiederum mit einem halben Teelöffel Kümmel, decken mit Speck ab und schließen die Form.

Zwiebelgemüse mit Haube

4 mittelgroße Gemüsezwiebeln
750 g gemischtes Hackfleisch · 1 Ei · 2 EL Semmelbrösel
Salz, Pfeffer · 125 g geriebener Emmentaler Käse
1 EL Butter oder Margarine

Schälen Sie die Zwiebeln, und schneiden Sie sie in grobe Stücke. Dann bereiten Sie das Hackfleisch zu: Verkneten Sie das Ei und die Semmelbrösel mit der Fleischmasse. Geben Sie nach Geschmack Salz und Pfeffer zu.
Füllen Sie zunächst die Zwiebelstücke in den gut gewässerten *Römertopf*. Darauf kommt das Hackfleisch. Klopfen Sie es in den

Händen portionsweise flach, damit Sie die ganze Oberfläche bedecken können. Zuletzt streuen Sie den geriebenen Käse gleichmäßig darüber und setzen die Butter als Flöckchen obenauf.
Servieren Sie das Zwiebelgemüse im *Römertopf*. Dazu passen Salzkartoffeln ebensogut wie körnig gekochter Reis.

⊟ 75 Min./220°C

≈ 15 Min./600 W +
20 Min./300 W + 5 Min. Stehzeit

Pußtatopf

4–6 Portionen
750 g mageres Schweinefleisch · 5 große grüne Paprikaschoten
5 große Tomaten · 1 mittelgroße Zwiebel
1 Knoblauchzehe · Salz · 1 EL Paprikapulver, edelsüß
Pfeffer · ¼ l Sauerrahm

Schneiden Sie das Fleisch in kleine Würfel. Entkernen Sie die Paprikaschoten, und schneiden Sie sie in Streifen. Dann übergießen Sie die Tomaten mit kochendem Wasser, bevor Sie ihnen die Haut abziehen und das Fruchtfleisch kleinschneiden. Jetzt hacken Sie noch die Zwiebel klein, vermischen anschließend alle diese Zutaten und drücken darüber die Knoblauchzehe durch die kleine Presse. Füllen Sie alles in die gewässerte Tonform und salzen Sie nach Belieben. Das Paprikapulver und etwas frisch gemahlenen Pfeffer rühren Sie unter den Sauerrahm, den Sie dann über die Fleisch-Gemüse-Mischung gießen.
Servieren Sie den Pußtatopf mit Reis.

⊟ 90 Min./220°C

Gebackene Leberknödel auf Sauerkraut

250 g durchgedrehte Rinderleber · 2 Eier · 1 Knoblauchzehe
1 gestrichener TL Majoran · Salz
1½ Tassen Semmelbrösel · 1000 g mildes Sauerkraut
6 Wacholderbeeren · 1 TL Kümmel
½ Tasse Apfelsaft · ½ Tasse Wasser

Zunächst bereiten Sie die Knödel zu. Die durchgedrehte Rinderleber vermischen Sie mit den Eiern. Zerdrücken Sie in einer geeigneten Presse die Knoblauchzehe darüber und würzen Sie mit Majoran. Dann salzen Sie nach Geschmack und arbeiten so viel Semmelbrösel unter, daß ein weicher, jedoch formbarer Teig entsteht. Daraus drehen Sie sorgfältig acht Leberknödel.

Nun zerzupfen Sie das Sauerkraut und füllen es gleichmäßig flach in eine gewässerte Tonform. Geben Sie die Wacholderbeeren dazu, und bestreuen Sie das Kraut mit dem Kümmel. Nun vermischen Sie Apfelsaft mit Wasser und gießen die Flüssigkeit darüber. Auf das Kraut legen Sie die Knödel, schließen die Form und stellen sie ins Rohr. Servieren Sie das Gericht in der Tonform, und reichen Sie Kartoffelpüree dazu.

▭ 75 Min./220°C

Hubertustopf

2 große Zwiebeln · 3 EL Öl
750 g gewürfeltes Wildfleisch, nach Belieben von Hirsch, Reh oder Wildschwein
250 g Sauerkraut · 1 Tasse frische Trauben
2 Wacholderbeeren · ½ Lorbeerblatt · ¼ l Sauerrahm
1 Messerspitze Salz · 1 Messerspitze Pfeffer
8–10 Scheiben durchwachsener Räucherspeck

Hacken Sie die geschälten Zwiebeln in feine Würfel, erhitzen Sie das Öl in einer Pfanne und dünsten Sie die Zwiebel darin glasig. Dann heben Sie sie aus dem Fett und streuen sie über den Boden der gewässerten Tonform. In dem Öl braten Sie die Wildfleischstücke gut an und geben sie ebenfalls in die Form. Nun zerzupfen Sie das Sauerkraut und vermischen es mit den Weintrauben. Es spielt dabei keine Rolle, ob Sie weiße oder blaue Trauben verwenden – nur allzu viele Kerne sollten sie nicht haben. Und wenn Sie weiße und blaue vermischen, dann tun Sie etwas fürs Auge. Verteilen Sie die Sauerkraut-Trauben-Mischung über die Fleischschicht. Anschließend geben Sie die Wacholderbeeren und das Lorbeerblatt zu. Verrühren Sie Salz und Pfeffer in dem Sauerrahm und gießen Sie ihn dazu. Zuletzt decken Sie die Speckscheiben darüber.

Hubertustopf wird in der Tonform serviert. Als Beilage passen Kartoffelknödel ebensogut wie Salzkartoffeln.

90 Min./220 °C

Linsentopf »Waidmann«

375 g Linsen · 1 mittelgroße Zwiebel · 2–3 EL Öl
2 Möhren · 1 Stange Lauch
ca. 1 l kräftig gewürzte Fleisch- oder Würfelbrühe
1 Tasse Rotwein · 4 Hasenläufe
125 g durchwachsener, geräucherter Speck in Scheiben

Füllen Sie die Linsen in eine hohe Schüssel. Gießen Sie so viel kaltes Wasser darüber, daß die Linsen eben bedeckt sind, und lassen Sie sie über Nacht weichen. Am nächsten Tag hacken Sie die Zwiebel in kleine Würfel, erhitzen das Öl in einer Pfanne und braten die Zwiebel darin goldbraun. Dann putzen Sie die Möhren und den Lauch und schneiden beides in Ringe.

Gießen Sie das Einweichwasser von den Linsen ab. Mischen Sie geröstete Zwiebeln, Möhren und Lauch unter und füllen Sie alles in den gut gewässerten *Römertopf* um. Gießen Sie so viel Brühe zu, daß das Gemüse knapp bedeckt ist. Nun rühren Sie noch den Rotwein unter.

Legen Sie die zuvor enthäuteten Hasenläufe obenauf und decken die Speckscheiben darüber.

Servieren Sie Linsentopf »Waidmann« in der Tonform. Sie können kräftiges Bauernbrot ebensogut dazu essen wie Kartoffelknödel oder Salzkartoffeln.

◱ 75 Min./220 °C

Gefüllte Zucchini

375 g Hammelfleisch · 1 Knoblauchzehe
1 mittelgroße Zwiebel · 4 gleich große Zucchini
1–2 fleischige Tomaten · Salz, Pfeffer · 1 TL Majoran
100 g Parmesan · knapp $\frac{1}{4}$ l Fleisch- oder Würfelbrühe
FÜR DIE SAUCE:
2 EL Mehl · etwas kaltes Wasser · $\frac{1}{8}$ l Sauerrahm

Drehen Sie zunächst das Hammelfleisch durch den Fleischwolf, dann die Knoblauchzehe und die Zwiebel.
Waschen Sie die Zucchini, und schneiden Sie sie ungeschält der Länge nach durch. Lösen Sie zwei Drittel des Fruchtfleisches so heraus, daß eine gleichmäßige Höhlung entsteht und hacken es in kleine Würfel, die Sie zum Hammelfleisch geben. Die Tomaten schneiden Sie ebenfalls in kleine Würfel. Schmecken Sie die Fleischmasse mit Salz, Pfeffer und etwas Majoran ab. Nun geben Sie die Tomatenwürfel zu und füllen die Masse gleichmäßig in die Zucchinischiffchen, legen sie in eine gut gewässerte Tonform und streuen den Käse darüber. Gießen Sie die Fleisch- oder Würfelbrühe zu, und schließen Sie die Form.
Nach Ende der Garzeit gießen Sie die Brühe in eine Kasserolle um. Rühren Sie Mehl in kaltem Wasser klümpchenfrei an und binden Sie damit die Brühe zur Sauce. Falls nötig, würzen Sie nach, bevor Sie die Kasserolle vom Herd ziehen. Zuletzt rühren Sie Sauerrahm unter. Servieren Sie die Sauce getrennt. Im Ursprungsland dieses Gerichtes, in Jugoslawien, gibt's körnig gekochten Reis dazu.

60 Min./220°C

10 Min./600 W +
20 Min./300 W + 5 Min. Stehzeit

Südtiroler Rindertopf

750 g mageres Rindfleisch · 4 kleine Zwiebeln

3 EL Öl · ⅛ l Rotwein · Salz, Pfeffer

1 Messerspitze Rosmarin

¼ l Fleisch- oder Würfelbrühe · 200 g Champignons

2 große Tomaten · 1 kleines Sträußchen Petersilie

Schneiden Sie das Fleisch in eineinhalb Zentimeter große Würfel. Schälen Sie die Zwiebeln, die Sie in grobe Stücke hacken. Erhitzen Sie das Öl in einer Pfanne, und braten Sie beides darin gut an. Die Zwiebeln dürfen jedoch nicht dunkel werden, sonst schmecken sie bitter. Dann löschen Sie mit Rotwein, schmecken mit Salz und frisch gemahlenem Pfeffer ab und würzen mit Rosmarin. Ziehen Sie die Pfanne vom Herd, und rühren Sie die Brühe unter.

Nun putzen Sie die Champignons und schneiden sie blättrig. Dann überbrühen Sie die Tomaten, ziehen ihnen die Haut ab und achteln sie. Geben Sie beides in die gewässerte Tonform, und füllen Sie den Pfanneninhalt darüber.

Den fertig gegarten Rindertopf zuletzt mit gehackter Petersilie bestreuen. Dazu passen Salzkartoffeln genausogut wie Semmelknödel.

120 Min./220 °C

Gefüllte Paprikaschoten (Rezept Seite 58)

Wirsingtopf

1 mittelgroßer Kopf Wirsing
375 g mageres, gepökeltes Schweinefleisch (Halsgrat)
ca. 375 g Kartoffeln · Pfeffer · 1½ l Wasser

Hobeln Sie den Wirsing in feine Streifen, die Sie in eine gewässerte Tonform füllen.

Schneiden Sie das Fleisch in Würfel und geben Sie diese ebenfalls in die Form. Dann schälen Sie die Kartoffeln, schneiden sie in Würfel und schichten sie obenauf. Streuen Sie etwas Pfeffer darüber und gießen Sie soviel Wasser zu, daß der Inhalt der Form eben bedeckt ist. Bitte, seien Sie vorsichtig mit Salz! Das Pökelfleisch gibt während des Garens seine Würze an die anderen Zutaten ab.

Servieren Sie den Wirsingtopf in der Form und reichen Sie dunkles Bauernbrot dazu.

▭ 75 Min./220°C

Fleischgerichte

AUS HACKFLEISCH

Hackbraten (falscher Hase)

500–750 g Hackfleisch
1 mittelgroße Zwiebel, fein gehackt oder gerieben
2 Eier · 3–4 EL Semmelbrösel
1–2 Messerspitzen Muskatnuß · Salz, Pfeffer
ZUM WÄLZEN:
Semmelbrösel

Verkneten Sie die Zutaten gut zu einem Fleischteig, den Sie mit Salz und Pfeffer abschmecken. Daraus formen Sie einen flachen Laib, den Sie in Semmelbröseln wälzen. Legen Sie ihn in eine gewässerte Tonform, die Sie geschlossen in das Backrohr stellen.
In der Tonform wird der Hackbraten ganz locker und geht wunderbar auf. Servieren Sie ihn mit Blumenkohl und Salzkartoffeln oder gemischtem Gemüse und Reis.

⊟ 90 Min./250°C

≋ 15 Min./600 W +
15 Min./300 W + 5 Min. Stehzeit

Gefüllter Hackbraten

500 g Hackfleisch · 1 mittelgroße Zwiebel · 1 Ei
2–3 EL Semmelbrösel · Salz, Pfeffer
2 hartgekochte Eier oder 4 Wiener Würstchen
etwas Mehl · 2 EL Semmelbrösel

Stellen Sie zunächst einen Fleischteig her, wie unter »Hackbraten« angegeben. Dann wälzen Sie die hartgekochten, geschälten Eier oder die Würstchen in Mehl. Legen Sie die Eier oder Würstchen in Längsrichtung in die Fleischmasse ein, so daß sich beim Anschneiden ein hübsches Muster ergibt. Den Teig dann ausformen, in Semmelbröseln wälzen und in die Tonform legen. Schneiden Sie den gefüllten Hackbraten in nicht zu dünne Scheiben, sonst fällt die Füllung heraus.
Gut gekühlt, ist gefüllter Hackbraten eine wohlschmeckende Bereicherung für den Picknickkorb.

 90 Min./250°C

Hawaiian Meat Balls
Hackfleisch mit Ananas

750 g Hackfleisch · 1 mittelgroße Zwiebel · 1 Ei
2 EL Semmelbrösel · Salz, Pfeffer
1 kleine Dose Ananas in Stücken · Saft einer halben Zitrone
1 Tasse geriebener Parmesankäse

Bereiten Sie aus Hackfleisch, gehackter oder geriebener Zwiebel, Ei, Semmelbröseln, Salz und Pfeffer einen Teig, den Sie gut

durchkneten. Daraus formen Sie kleine Bälle. Die Ananasstücke lassen Sie abtropfen und beträufeln sie mit Zitronensaft. Dann arbeiten Sie in jedes der Fleischbällchen ein Stück ein. Nun setzen Sie auf den Boden der gut gewässerten Tonform eine Lage Fleischbällchen und bestreuen diese mit Parmesankäse. Darüber setzen Sie die zweite Schicht Fleischbällchen, die Sie wiederum mit Käse bestreuen.
Dazu servieren Sie körnig gekochten Reis und Maisgemüse.

60 Min./250°C

Fleischklöße in Rotwein

625 g Hackfleisch · 1 kleine Zwiebel · 1 Ei
2 EL Semmelbrösel · Salz, Pfeffer
½ TL Thymian · 1 Glas Rotwein · 1 TL Mehl
2 EL Sahne oder Dosenmilch

Vermischen Sie die geschälte, kleingehackte Zwiebel, das Ei und die Semmelbrösel mit dem Hackfleisch. Dann würzen Sie die Masse mit Salz, Pfeffer, Thymian und formen aus dem Fleischteig acht Klöße, die Sie in eine (gewässerte) Tonform legen. Bevor Sie den *Römertopf* schließen, gießen Sie ein Glas Rotwein dazu.
Die Flüssigkeit füllen Sie nach dem Garen in einen kleinen Topf und binden sie mit angerührtem Mehl, bevor die Sahne oder Dosenmilch zugegeben wird. Die fertige Sauce gießen Sie über die Klöße. Dazu reichen Sie Spätzle oder Butternudeln und grünen Salat.

45 Min./250°C

25 Min./600 W + 5 Min. Stehzeit

Hammelklopse in grüner Sauce

---
500 g Hammelfleisch · 1 große Zwiebel · 1 Knoblauchzehe

1 Ei · 1 EL Semmelbrösel · Salz

1 Messerspitze Muskatnuß · 1 Messerspitze Koriander

1 Tasse gemischte grüne Kräuter, z. B. Petersilie, Schnittlauch, Dill, Estragon, Kerbel

¼ l Weißwein · etwas Mehl · 1–2 EL Sahne

Drehen Sie das Hammelfleisch und anschließend die Zwiebel durch den Fleischwolf. In einer Schüssel vermischen Sie die Masse mit der Knoblauchzehe, die Sie in einer geeigneten Presse zerdrückt haben, und mit Ei, Semmelbröseln, Salz, Muskatnuß und Koriander.

Dann formen Sie aus der Masse acht Fleischklöße, die Sie in die Tonform legen. Verrühren Sie die Kräuter, die Sie zuvor kleingehackt haben, mit dem Weißwein, und gießen Sie alles in den Topf.

Nach der Garzeit nehmen Sie die Klöße aus der Form und gießen die Brühe in einen Topf. Auf der Herdplatte erhitzt, binden Sie die Brühe mit Mehl, das Sie in Sahne glattgerührt haben. Schmecken Sie, wenn nötig, mit Salz ab, bevor Sie die Hammelklopse in grüner Sauce servieren. Dazu gibt es Salzkartoffeln und Tomatensalat.

60 Min./250 °C

Italienischer Hackfleischtopf

3–4 EL Öl · 350 g Rinderhackfleisch
750 g rote und grüne Paprikaschoten · 250 g Tomaten
2 große Zwiebeln · 1 EL Zitronenessig
½ TL Thymian · 1 Messerspitze Knoblauchsalz
1 Tasse Fleisch- oder Würfelbrühe
1 Tasse geriebener Emmentaler

Erhitzen Sie das Öl in einer Pfanne, und rösten Sie darin das Hackfleisch an. Dadurch erhält es eine schöne Farbe und wird beim Schmoren nicht unansehnlich grau.

Entfernen Sie die Kerne aus den Paprikaschoten, und schneiden Sie das Fruchtfleisch in Streifen. Sie überbrühen die Tomaten, ziehen ihnen die Haut ab und zerkleinern sie. Schälen Sie die Zwiebeln, und hacken Sie sie in Würfel.

Vermischen Sie Gemüse mit Hackfleisch. Dann füllen Sie alles in einen (gewässerten) *Römertopf*. Rühren Sie Zitronenessig, Thymian und Knoblauchsalz unter die Fleischbrühe. Anschließend gießen Sie alles über den Inhalt des Tontopfes und schließen die Form.

Kurz vor dem Ende der Garzeit mit Käse bestreuen und in der offenen Form überbacken. Servieren Sie den italienischen Hackfleischtopf mit körnig gekochtem Reis.

70 Min./220°C

15 Min./600 W +
10 Min./300 W + 5 Min. Stehzeit

VOM RIND

Rinderschmorbraten

5–6 Portionen
1500 g Rindfleisch · 2–3 EL Cognac · Salz, Pfeffer
3 Zwiebeln · 6 Tomaten · ¼ l Rotwein
1 EL Mehl · ½ Tasse Sahne

Beträufeln Sie das Fleischstück rundum gleichmäßig mit Cognac. In Alufolie gewickelt, legen Sie es für zwei Stunden in den Kühlschrank, damit der Cognac in das Fleisch einziehen kann. Sollte es sehr frisch, also wenig abgehangen sein, lassen Sie das mit Cognac beträufelte Fleisch über Nacht im Kühlschrank liegen. Es wird dann zarter.

Bevor Sie das Fleisch in den (gut gewässerten) Tontopf legen, reiben Sie es mit Salz und frisch gemahlenem Pfeffer ein. Schälen Sie die Zwiebeln, schneiden Sie sie in grobe Stücke und vierteln Sie die Tomaten. Vermischen Sie beides und umlegen Sie damit das Fleisch. Zum Schluß gießen Sie den Rotwein zu und schließen die Form.

Nach dem Schmoren nehmen Sie das Fleisch aus der Form, schneiden es in Scheiben, die Sie dachziegelartig auf eine vorgewärmte Platte schichten. Gießen Sie den verbliebenen Topfinhalt durch ein Sieb, und fangen Sie den Saft in einer Kasserolle auf. Mit dem im Sieb abgetropften Gemüse umlegen Sie die Bratenscheiben. Nun bringen Sie den Saft in der Kasserolle zum Kochen und binden ihn mit in kaltem Wasser glattgerührtem Mehl zur Sauce. Schmecken Sie mit Salz und Pfeffer ab und verfeinern Sie mit Sahne.

Reichen Sie die Sauce getrennt zum Rinderschmorbraten. Dazu

schmecken Salzkartoffeln ebensogut wie Kartoffelknödel oder auch breite Nudeln.

150 Min./220°C

8 Min./600 W +
40 Min./300 W + 10 Min. Stehzeit

Rinderfilet mit Sahnesauce

1000 g Rinderfilet · Salz · Paprikapulver, edelsüß
1 kleine Zwiebel · 1 Tasse Weißwein
¼ l Sahne · 1 EL Mehl
2–3 EL Sahne oder Dosenmilch · Zitronensaft

Zunächst entfernen Sie — wenn nötig — von dem Filet Haut und Sehnen. Dann reiben Sie es mit Salz und Paprikapulver ein und legen es in die (gewässerte) Tonform. Sie schälen die Zwiebel und geben sie ganz dazu. Nun gießen Sie noch Wein und Sahne an und schließen die Form.
Nach der Schmorzeit füllen Sie die Flüssigkeit in einen Topf um und streichen die Zwiebel durch ein Sieb. Binden Sie die Sauce mit Mehl, das Sie in Sahne oder Dosenmilch angerührt haben. Nun schmecken Sie mit Salz, Paprikapulver und, wenn Sie mögen, mit etwas Zitronensaft ab.
Die Sahnesauce reichen Sie getrennt zum Rinderfilet und servieren Salzkartoffeln und Rosenkohl dazu.

75 Min./220°C

5 Min./600 W +
25 Min./350 W + 5 Min. Stehzeit

Ungarisches Hirtenfilet

4–5 Portionen
2 große Zwiebeln · 1000 g Rinderfilet am Stück
Salz, Pfeffer · Salbeipulver
200 g geräucherter durchwachsener Speck in Scheiben
¼ l Buttermilch · ½ Orange
1 TL Honig · Cayennepfeffer · ¼ l Sauerrahm

Schälen Sie die Zwiebeln, schneiden Sie sie in Scheiben, und legen Sie damit den gründlich vorgewässerten *Römertopf* aus. Nun salzen und pfeffern Sie das Rinderfilet, wobei Sie am besten frisch gemahlenen Pfeffer direkt aus der Pfeffermühle verwenden. Anschließend stäuben Sie das Fleisch noch fein mit dem Salbeipulver ein.

Jetzt nehmen Sie die Speckscheiben und belegen damit — dick und überlappend — das Fleisch. Anschließend geben Sie das Ganze auf die Zwiebelscheiben im *Römertopf*, übergießen alles mit dem viertel Liter Buttermilch, schließen den Deckel und setzen die Tonform in das Rohr Ihres Ofens.

Nach Ablauf der Garzeit legen Sie das Fleisch mit den inzwischen leicht rösch gewordenen Speckscheiben auf ein Fleischbrett, schneiden das Ganze in Scheiben und stellen es warm. Sodann gießen Sie den Buttermilchsud zusammen mit den Zwiebeln in ein feines Sieb, das Sie über einen Topf gehängt haben. Die Zwiebeln passieren Sie mit Hilfe eines Kochlöffels durch das Sieb, bis nur noch die harten Teile zurückbleiben. Was Sie jetzt im Topf haben, ist die Grundlage für eine köstliche Sauce! Stellen Sie den Topf auf eine Herdplatte und erhitzen Sie den Inhalt. Geben Sie unter ständigem Rühren mit einem Schneebesen den Saft einer halben Orange, den Teelöffel Honig und den viertel Liter saure Sahne zu, schmecken Sie mit etwas Salz und Cayennepfeffer ab und lassen Sie das Ganze einmal kurz aufwallen – wirklich kochen darf es nicht. Sollte die Sauce zu dünn sein, legieren Sie sie mit 1 bis 2 Eigelb. Das Ungarische Hirtenfilet reichen Sie mit körnig gekochtem Safranreis, in Butter geschwenkten Bohnen und pro Person mit einer gegrillten Tomate. Auch Rosenkohl oder Brokkoli, in Butter geschwenkt, paßt vorzüglich.

◲ 75 Min./225°C

Rindfleisch mit Gemüsesauce

1000 g mageres Rindfleisch · Salz, Pfeffer
1 gestrichener TL Thymian · 1 große Zwiebel
2–3 gelbe Rüben · 2 Stangen Lauch · 1 kleine Knolle Sellerie
100 g junge Bohnen · ½ kleiner Blumenkohl
1 gestrichener TL Salz · Wasser · 1–2 EL Sojasauce

Reiben Sie das Fleisch mit Salz, Pfeffer und Thymian ein und legen Sie es in eine (gewässerte) Tonform. Schneiden Sie die Zwiebel in grobe Stücke und die geputzten gelben Rüben in Scheiben. Vom Lauch entfernen Sie das harte Grün und schneiden die weißen Stangen in Ringe. Schälen Sie die Sellerieknolle, und hacken Sie sie in Würfel. Die Bohnen befreien Sie von Fäden und brechen sie anschließend in Stücke. Zerpflücken Sie den Blumenkohl in Röschen.

Dann mischen Sie das Gemüse gut und geben es zum Fleisch in die Tonform. Streuen Sie Salz darüber, und gießen Sie soviel Wasser zu, daß alles eben bedeckt ist. Nun schließen Sie die Form und stellen sie in den Ofen. Nach Beendigung der Garzeit nehmen Sie das Fleisch aus der Form und schneiden es in Scheiben. Das Gemüse aber füllen Sie samt der Brühe in Ihren Mixer und pürieren es. Die so entstandene dicke Gemüsesauce schmecken Sie mit Sojasauce ab und gießen sie über die Fleischscheiben. Rindfleisch mit Gemüsesauce wird in der Tonform serviert. Dazu reichen Sie Salzkartoffeln oder breite Nudeln.

90 Min./220°C

15 Min./600 W +
30 Min./300 W + 10 Min. Stehzeit

Zwiebelbraten

4 große Zwiebeln · 1 EL Kokosfett
750 g mageres Rindfleisch · Salz, Pfeffer · 1 EL Senf
1 EL Paprikapulver, edelsüß · 2 kleine Gewürzgurken
1 TL Kapern · 1/8 l Sahne

Zunächst schälen Sie die Zwiebeln und schneiden sie in Ringe. In der Pfanne erhitzen Sie das Kokosfett und braten das Fleisch von allen Seiten kurz an. Dann nehmen Sie es aus der Pfanne, würzen es mit Salz und Pfeffer und bestreichen es rundum mit Senf. Anschließend legen Sie es in die (gewässerte) Tonform und streuen das Paprikapulver darüber.
In dem Kokosfett dünsten Sie die Zwiebeln glasig und decken sie über das Fleisch. Nun hacken Sie die Gewürzgurken in kleine Stückchen und legen sie mit den Kapern um das Fleisch. Gießen Sie die Sahne zu und schließen Sie die Form. Den Zwiebelbraten servieren Sie mit Pommes frites und Tomatensalat.

100 Min./220°C

8 Min./600 W +
25 Min./300 W + 10 Min. Stehzeit

Geschmortes Rindfleisch, chinesische Art

1000 g Rindfleisch aus der Keule
3 EL Reiswein oder trockener Sherry
2 EL Sojasauce · 1 Zwiebel · 2 Knoblauchzehen
⅛ l Fleisch- oder Würfelbrühe · 1 TL Ingwerpulver
FÜR DIE SAUCE:
1 EL Mehl · etwas Reiswein · Sojasauce
1 Prise Zucker

Tupfen Sie das Fleisch mit Haushaltspapier trocken. Dann pinseln Sie es rundum gut mit Reiswein oder trockenem Sherry ein. Wickeln Sie das Bratenstück in Alufolie. Stellen Sie es zum Durchziehen für zwei Stunden in den Kühlschrank.

Anschließend reiben Sie das Fleisch mit Sojasauce ein und legen es in die (gewässerte) Tonform. Schälen Sie Zwiebel und Knoblauchzehen, und hacken Sie beides in feine Würfel. Streuen Sie sie über das Fleisch. Rühren Sie Ingwerpulver unter die Fleischbrühe, und gießen Sie sie in die Form. Schließen Sie den Deckel. Nach Beendigung der Garzeit heben Sie das Fleisch aus der Form und schneiden es in Scheiben. Auf einer Platte angerichtet, stellen Sie es warm.

Nun bereiten Sie die Sauce zu: Gießen Sie die Schmorflüssigkeit durch ein Sieb in einen Topf. Rühren Sie das Mehl in etwas Wasser glatt und binden Sie damit die Sauce. Schmecken Sie sie mit Reiswein, Sojasauce und einer Prise Zucker ab. Die Sauce reichen Sie getrennt zum Braten.

Servieren Sie Lauchgemüse und Reis dazu.

120 Min./220°C

8 Min./600 W +
30 Min./300 W + 10 Min. Stehzeit

Rinderzunge in Madeira

1 gepökelte Rinderzunge · 5 Pfefferkörner
3 Gewürznelken · 1½ Lorbeerblätter · 1 mittelgroße Zwiebel
2 gelbe Rüben · 1 Stange Lauch · ¼ Knolle Sellerie
2 EL Zitronensaft · Butter oder Margarine
etwas Mehl · Zucker · 1 Glas Madeira

Legen Sie die Zunge über Nacht in so viel kaltes Wasser, daß sie eben bedeckt ist. Anderntags spülen Sie sie unter fließendem kalten Wasser ab und legen sie in die gut gewässerte Tonform. Dazu kommen Pfefferkörner, Gewürznelken und Lorbeerblätter. Dann schälen Sie die Zwiebel und geben sie ganz dazu, putzen das Gemüse und schneiden es in kleine Stücke, die Sie ebenfalls in die Form geben. Nun beträufeln Sie alles mit Zitronensaft und gießen soviel frisches Wasser zu, daß die Zunge eben bedeckt ist. Zur Garprobe stechen Sie mit einer Gabel in die Zungenspitze. Geht sie weich durch, so ist die Zunge gar. Sie nehmen sie aus der Brühe, enthäuten sie und stellen sie warm. In einem Topf zerlassen Sie Butter oder Margarine und rösten darin das Mehl goldgelb. Mit Zungenbrühe löschen Sie ab, gießen anschließend noch soviel davon auf, daß Sie eine dicke Sauce bekommen, und schmecken mit Zucker und Zitronensaft ab. Nun ziehen Sie den Topf von der Herdplatte, runden die Sauce mit Madeira ab und lassen zur Verfeinerung noch ein Stück Butter darin zerlaufen. Die fertige Sauce gießen Sie entweder in den Tontopf zurück, falls Sie darin servieren wollen, oder in eine flache Schüssel. Die Zunge aber schneiden Sie in Scheiben, die Sie in der Madeirasauce anrichten. Dazu reichen Sie Salzkartoffeln und Ananas-Sauerkraut — Sauerkraut, das Sie mit einer Tasse Ananasstückchen gekocht haben.

170 Min./220°C

Gulasch-Champignon-Topf

400 g Champignons aus der Dose · 3 Zwiebeln
1 Bund Suppengrün · 500 g Rindergulasch · Salz, Pfeffer
1 EL Paprikapulver, edelsüß · 1 Tasse Champignonwasser
1 Sträußchen Petersilie, feingewiegt

Zunächst gießen Sie die Flüssigkeit von den Champignons ab. Bitte stellen Sie ein Gefäß unter: Eine Tasse Champignonwasser brauchen Sie für dieses Rezept. Schälen Sie die Zwiebeln, und hacken Sie sie in feine Würfel. Putzen Sie das Suppengrün und schneiden es ebenfalls klein.

Füllen Sie Champignons, Zwiebeln, Suppengrün und Rinderfleischwürfel in den gut gewässerten *Römertopf* und vermischen alles gut miteinander. Würzen Sie nach Geschmack mit Salz, frisch gemahlenem Pfeffer und Paprikapulver. Zuletzt gießen Sie das Champignonwasser darüber und schließen die Form.

Überstreuen Sie den Gulasch-Champignon-Topf nach Beendigung der Garzeit mit der feingewiegten Petersilie, und servieren Sie ihn mit Salzkartoffeln.

☰ 90 Min./220°C

Sauerbraten

1000 g mageres Rindfleisch
1 große Zwiebel · ¼ l Essig · ½ l Wasser
2 Gewürznelken · 2 Pfefferkörner · 1 Lorbeerblatt
1 gelbe Rübe · ½ kleine Knolle Sellerie
1 Tomate · etwas Mehl

Legen Sie das Fleischstück in eine tiefe Schüssel oder — besser noch — in einen Steintopf. Die geschälte Zwiebel geben Sie, in Scheiben geschnitten, dazu.

Nun kochen Sie Essig und Wasser zusammen mit Nelken, Pfefferkörnern, Lorbeerblatt und dem geputzten und kleingeschnittenen Gemüse auf. Diese Beize lassen Sie erkalten und gießen sie dann über das Fleisch, das ganz von Flüssigkeit bedeckt sein muß. Das Fleisch bleibt — kühl gestellt — zwei bis drei Tage in der Beize liegen.

Anschließend ist das Fleisch fertig mariniert. Sie nehmen es aus der Beize, salzen es und legen es in die (gewässerte) Tonform. Nun geben Sie die geviertelte Tomate dazu und gießen mit zwei Tassen Beizflüssigkeit auf, bevor Sie den Deckel schließen. Sobald der Sauerbraten fertig ist, kommt er, in Scheiben geschnitten, auf eine vorgewärmte Platte, die Sie warm stellen. Die Flüssigkeit füllen Sie in einen Topf um, erhitzen sie und binden sie mit in Wasser glattgerührtem Mehl zu einer Sauce. Als Beilagen empfehlen sich Salzkartoffeln oder Semmelknödel und Bohnensalat.

☐ 120 Min./220°C

≋ 40 Min./600 W + 10 Min. Stehzeit

Rinderbraten im Pfirsichkranz

1000 g gut abgehangenes Rindfleisch · Salz, Pfeffer
1 kleiner Kräuterkäse (Boursin oder le Tartare, ca. 20 g)
1 Dose Pfirsichhälften · 1–2 EL Cognac
2 EL Johannisbeergelee oder 8 Kirschen aus dem Rumtopf

Das Fleisch reiben Sie mit Salz und frisch gemahlenem Pfeffer ein. Dann legen Sie es in den (gut gewässerten) Tontopf und bestreichen es mit Käse. Verwenden Sie bitte keinen Schmelzkäse, er würde einen bitteren Geschmack annehmen und Ihnen so das Fleisch verderben. Die gut abgetropften Pfirsichhälften — pro Person zwei Stück — beträufeln Sie mit dem Cognac, um ihnen einen Teil der Süße zu nehmen. Anschließend legen Sie sie mit den Schnitthälften nach oben als Kranz um das Fleisch. Nach dem Garen legen Sie den Braten — in Scheiben geschnitten — auf eine vorgewärmte Platte und garnieren ihn mit den Pfirsichhälften, deren Kernhöhlung Sie jeweils mit etwas Johannisbeergelee oder einer Rumtopf-Kirsche verzieren. Serviert wird der Rinderbraten im Pfirsichkranz entweder mit Reis oder hausgemachten Spätzle.

▤ 75 Min./220°C

▥ 5 Min./600 W +
30 Min./300 W + 10 Min. Stehzeit

Ochsenzunge in Kapernsauce

5–6 Portionen
1 Ochsenzunge · 1 gestrichener TL Salz
1 Bund Suppengrün · 1 mittelgroße Zwiebel
2 Gewürznelken · 1 Lorbeerblatt · Mehl
3 EL Sahne oder Dosenmilch · 1 Röhrchen Kapern
Salz, Zucker · Zitronensaft · 1 EL Butter

Falls Sie die Zunge nicht schon vorgerichtet bei Ihrem Metzger bekommen, müssen Sie das schwammige Fleisch am Zungenansatz abtrennen. Es ist wertlos, werfen Sie es fort. Anschließend reiben Sie die Zunge gut mit Salz ab und waschen sie unter fließendem kalten Wasser, bis aller Schleim entfernt ist.

Nun legen Sie die Zunge in eine (gewässerte) Tonform, gießen so viel Wasser zu, daß sie eben bedeckt ist, und geben etwas Salz dazu. Putzen Sie das Suppengrün, und schneiden Sie es klein. Spikken Sie die geschälte Zwiebel mit den Gewürznelken. Das alles — zusammen mit dem Lorbeerblatt — geben Sie in die Form und schließen sie.

Nach der Garzeit die Zunge häuten, portionieren und warm stellen. Die Flüssigkeit gießen Sie durch ein Sieb in einen Topf um und dicken sie mit Mehl ein, das in Sahne oder Dosenmilch glattgerührt wurde. Dann geben Sie die Kapern samt Flüssigkeit zu, schmecken die Sauce mit Salz, Zucker und etwas Zitronensaft ab und verfeinern mit etwas Butter.

Zuletzt legen Sie die Zungenscheiben schuppenartig oder als Kranz auf eine flache Schüssel und gießen die Sauce darüber. Servieren Sie dazu Salzkartoffeln und Rapunzelsalat.

160 Min./220°C

Gefüllte Kalbsbrust (Rezept Seite 99)

Westfälischer Pfefferpotthast

1000 g mageres Rindfleisch · 2 TL Salz
650 g Zwiebeln · 1½ Lorbeerblätter · 15 Pfefferkörner
4 Gewürznelken · 1 Scheibe Zitrone
¾ l Fleisch- oder Würfelbrühe

Schneiden Sie das Fleisch in Würfel, die Sie in die gewässerte Tonform legen und mit Salz überstreuen. Dann schälen Sie die Zwiebeln und hacken sie entweder in feine Würfel oder zerkleinern sie im Mixer. Die Mixer-Methode hat zwei Vorteile: Ihnen bleiben Tränen weitestgehend erspart, und der Potthast wird sämiger. Mit den zerkleinerten Zwiebeln bedecken Sie die Rindfleischwürfel, geben Lorbeerblätter, Pfefferkörner und Nelken zu, ebenso die Zitronenscheibe und gießen so viel Brühe darüber, daß alles knapp bedeckt ist. Nach der Garzeit servieren Sie den Westfälischen Pfefferpotthast mit Salzkartoffeln und sauren Gurken.

Tip: Auf Gewürzkörner zu beißen, ist unangenehm. Geben Sie Pfefferkörner, Nelken und auch die Lorbeerblätter deshalb in ein kleines Leinensäckchen, das Sie mitkochen. Nach dem Schmoren werden die Gewürzkörner im Säckchen herausgefischt, und bei Tisch gibt es keine unliebsamen Überraschungen.

150 Min./220°C

Rindsrouladen

4 große Scheiben Rouladenfleisch vom Rind
1 EL Kräutersenf · Salz, Pfeffer
8–12 Scheiben Räucherwurst · 2 große Zwiebeln
3 Tomaten · ½ Tasse Rotwein
1½ Tassen Fleisch- oder Würfelbrühe · 1 EL Mehl

Bestreichen Sie die vier Fleischscheiben mit dem Kräutersenf, salzen und pfeffern Sie nach Geschmack. Dann belegen Sie die gewürzte Fleischseite mit den Wurstscheiben, hacken eine der beiden Zwiebeln fein und verteilen sie auf die Wurstscheiben. Nun rollen Sie die Rouladen von der Breitseite her auf. Stehen Ihnen keine Rouladenklammern zur Verfügung, so spießen Sie die Rouladen entweder mit Holzstäbchen (lange Zahnstocher) zusammen oder umwickeln sie mit Zwirnsfaden. So vorbereitet, legen Sie die Rouladen in die (gewässerte) Tonform, hacken die zweite Zwiebel grob und streuen sie darüber. Dann übergießen Sie die Tomaten mit heißem Wasser, enthäuten und vierteln sie und füllen sie ebenfalls in die Form. Dann geben Sie Rotwein und Fleischbrühe darüber und schließen die Form.
Gießen Sie den Sud nach der Garzeit aus dem Tontopf in eine Kasserolle. Dabei streichen Sie Tomaten und Zwiebeln durch ein Sieb. Kurz aufgekocht, binden Sie die Flüssigkeit mit in kaltem Wasser angerührtem Mehl zur Sauce. Schmecken Sie mit Salz und Pfeffer ab, und gießen Sie die fertige Sauce über die Rouladen.
Rindsrouladen können Sie sowohl zu Salzkartoffeln als auch zu breiten Nudeln oder Reis servieren. Dazu gibt es grünen Salat oder gemischtes Gemüse.

75 Min./220°C

8 Min./600 W +
30 Min./300 W + 8 Min. Stehzeit

Zigeunerbraten

100 g fetter Speck · 1000 g Rinderlende
2 große Gewürzgurken · Salz · 1 gelbe Rübe
1 kleine Knolle Sellerie · 1 große Zwiebel · 1½ Tassen Wasser
1 EL Paprikapulver, edelsüß · 1 Tasse Plavac oder Tokajer
etwas Stärkemehl, in Wasser angerührt
Salz · 1 Prise Zucker

Schneiden Sie den Speck in Stifte, und spicken Sie die Lende. Dann schneiden Sie die Gurken in Scheiben und belegen damit den Boden der (gewässerten) Tonform. Das gespickte Fleisch auf die Gurkenscheiben legen. Anschließend putzen Sie das Gemüse und schneiden es klein, schälen die Zwiebel und hacken sie in grobe Stücke. Beides vermischen Sie und umlegen damit das Fleisch. Nun gießen Sie das Wasser zu und überstreuen alles mit Paprikapulver. Zum Schluß beträufeln Sie das Fleisch mit einem Drittel des Weines.

Sobald der Braten gar ist, nehmen Sie ihn aus der Form und legen ihn auf eine vorgewärmte Platte. Die Sauce gießen Sie durch ein Sieb in einen Topf, stellen ihn aufs Feuer, geben den restlichen Wein zu und erhitzen bis zum Kochen. Mit dem Stärkemehl, das in Wasser angerührt wurde, binden Sie die Sauce, die Sie gegebenenfalls noch mit etwas Salz, Paprikapulver und einer Prise Zucker abschmecken. Die Sauce wird getrennt zum Zigeunerbraten serviert. Sie können Reis, Butternudeln oder Kartoffelknödel dazu reichen.

☐ 120 Min./220°C

☲ 5 Min./600 W +
40 Min./300 W + 10 Min. Stehzeit

Ungarischer Rinderbraten

1000 g mageres Rindfleisch · Salz
Paprikapulver, edelsüß
100 g durchwachsener Räucherspeck am Stück
1 große Zwiebel · 5 Gewürznelken · 5 Pfefferkörner
¼ l Tomatensaft · Mehl · etwas Sahne oder Dosenmilch

Mit Paprikapulver reiben Sie das Fleisch ein und legen es in den (gewässerten) Römertopf. Danach schneiden Sie die Hälfte des Specks in kleine Würfel und umlegen damit das Fleisch. Spicken Sie die Zwiebel mit den Gewürznelken, und geben Sie sie zusammen mit den Pfefferkörnern ebenfalls in die Form. Dann gießen Sie den Tomatensaft darüber, bevor Sie den Deckel schließen.
Die Kochflüssigkeit gießen Sie nach dem Schmoren durch ein Sieb in einen Topf, erhitzen sie und binden sie mit Mehl, das Sie in Sahne oder Dosenmilch glattgerührt haben, zur Sauce. Nehmen Sie die gespickte Zwiebel und die Pfefferkörner aus dem Sieb heraus. Die übriggebliebenen Speckwürfelchen geben Sie zurück in die fertige Sauce, die getrennt vom Fleisch serviert wird.
Inzwischen haben Sie auch die zweite Hälfte des Räucherspecks in Würfel geschnitten. Diese rösten Sie goldbraun und verteilen sie — nach Geschmack mit oder ohne dem ausgebratenen Fett — über die Fleischscheiben. Servieren Sie den Ungarischen Rinderbraten mit breiten Nudeln, hausgemachten Spätzle oder Reis und grünem Salat.

100 Min./220°C

7 Min./600 W +
35 Min./300 W + 10 Min. Stehzeit

Mandelfilet

1000 g sehr gut abgehangenes Rinderfilet

Salz · 1 gestrichener TL Currypulver
---
75 g süße Mandeln, blättrig geschnitten
---
2 große süße Orangen

Befreien Sie, falls nötig, das Filet von Haut und Sehnen. Dann würzen Sie es mit Salz und Currypulver. Anschließend wälzen Sie es in Mandelblättchen, legen es in den (gut gewässerten) Tontopf und pressen darüber die beiden Orangen aus. Nach der Garzeit servieren Sie das Mandelfilet mit Pommes frites und Spargelsalat.

☐ 60 Min./220°C

▥ 5 Min./600 W +
25 Min./300 W + 10 Min. Stehzeit

Ungarisches Kesselfleisch

---
750 g Rindfleisch · 3 große Zwiebeln
---
375 g Paprikaschoten · 375 g Tomaten · 3 Knoblauchzehen

Salz · 1 EL Paprikapulver, edelsüß

¼ l Sauerrahm · Wasser

Schneiden Sie das Fleisch in kleine Würfel, und hacken Sie die geschälten Zwiebeln grob. Die gewaschenen Paprikaschoten halbieren und entkernen, bevor sie in Streifen geschnitten werden. Dann überbrühen Sie die Tomaten, ziehen ihnen die Haut ab und vierteln sie.

Sämtliche Zutaten füllen Sie in eine Schüssel und zerdrücken darüber die Knoblauchzehen in einer geeigneten Presse. Dann geben Sie Salz und Paprikapulver zu. Anschließend vermischen Sie alles gut, bevor Sie es in die gewässerte Tonform umfüllen. Jetzt gießen Sie den Sauerrahm und so viel Wasser zu, daß alles eben bedeckt ist. Servieren Sie das Ungarische Kesselfleisch mit Reis oder hausgemachten Spätzle.

▤ 75 Min./220°C

Vorarlberger Senfbraten

1000 g mageres Rindfleisch · 1 Knoblauchzehe
Salz, Pfeffer · 2 EL Senf
1 Glas Weißwein oder herber Apfelsaft · 1 Becher Joghurt
1 Prise Zucker · 1 EL Senf

Reiben Sie das Fleisch mit dem Saft der ausgepreßten Knoblauchzehe ein. Dann salzen und pfeffern Sie es und bestreichen es mit Senf. So legen Sie es in eine (gewässerte) Tonform, gießen Weißwein oder Apfelsaft dazu und schließen die Form. Vor dem Servieren verrühren Sie den Joghurt mit einer Prise Zucker und einem Eßlöffel Senf, und verquirlen anschließend diese Mischung mit der Brühe im Tontopf.

Die Sauce ist damit tischfertig, sie braucht nicht weiter gebunden zu werden. Zu dem Vorarlberger Senfbraten reichen Sie Petersilienkartoffeln und gemischten Salat.

▤ 100 Min./220°C

▤ 8 Min./600 W +
30 Min./300 W + 10 Min. Stehzeit

Filet-Topf »Manila«

750 g gut abgehangenes Rinderfilet · 1 Knoblauchzehe
250 g Suppenspargel oder 1 kleine Dose Brechspargel
1 kleine rote Paprikaschote
2 Scheiben Ananas aus der Dose
1 kleine Dose Mandarinen · ¼ l Fleisch- oder Würfelbrühe
Salz · Currypulver · gemahlene Chilis nach Geschmack

Schneiden Sie das Filet in Würfel, die Sie in eine gewässerte Tonform geben. Zerdrücken Sie die Knoblauchzehe in einer entsprechenden Presse über dem Fleisch. Die Spargelstangen schälen Sie, schneiden sie in Stücke und legen sie auf die Fleischwürfel. Die Paprikaschote wird gewaschen, entkernt und in Streifen geschnitten, die ebenfalls auf das Fleisch gelegt werden. Nun zerstückeln Sie die Ananasscheiben und lassen sie zusammen mit den Mandarinenschnitzen gut abtropfen. Verteilen Sie die Fruchtstücke gleichmäßig, gießen Sie mit der Fleischbrühe auf, und würzen Sie nach Geschmack mit Salz, Currypulver und gemahlenen Chilis. Das Gericht kann mild oder scharf gewürzt werden. Wollen Sie den Filet-Topf »Manila« ganz echt servieren, so reichen Sie Mandelreis dazu.

⊟ 50 Min./220°C

Rinderbraten »Valencia«

1000 g Rindfleisch · 1 Knoblauchzehe · Pfeffer
1 EL Kräutersenf
125 g durchwachsener Räucherspeck in Scheiben
1 Tasse Fleisch- oder Würfelbrühe

Legen Sie das Fleisch in die (gut gewässerte) Tonform, zerdrücken Sie in einer Presse die Knoblauchzehe darüber, bestreuen Sie es mit Pfeffer und bestreichen Sie es auf allen Seiten mit Senf. Anschließend decken Sie das Fleisch mit den Speckscheiben ab, gießen die Brühe zu und schließen die Form. Das Fleisch kann mit Salzkartoffeln, grünen Bohnen oder geschmorten Auberginen, zur Abwechslung aber auch mit Rosinenreis und gedünstetem Mais, serviert werden.

▭ 75 Min./220°C

▦ 5 Min./600 W +
30 Min./300 W + 10 Min. Stehzeit

VOM KALB

Kalbsnierenbraten

1000 g Nierenbratenstück vom Kalb · Salz, Pfeffer
1 Tasse Fleisch- oder Würfelbrühe
2 Salbeiblätter · ⅛ l Sahne · 1 TL Mehl

Lassen Sie sich das Fleisch von Ihrem Metzger bratfertig zurichten. Ist das nicht möglich, so lösen Sie die Knochen heraus und rollen das Stück — mit den Nieren in der Mitte — auf. Umwickeln Sie es mit Faden, damit es zusammenhält.

Reiben Sie das so vorbereitete Fleischstück mit Salz und Pfeffer ein, bevor Sie es in die gewässerte Tonform legen. Dann gießen Sie eine Tasse Fleisch- oder Würfelbrühe zu und legen die Salbeiblätter hinein.

Den fertigen Braten legen Sie auf eine vorgewärmte Platte und schneiden ihn in nicht zu dünne Scheiben. Zu dünn geschnitten, würden sie zerfallen.

Den Bratenfond gießen Sie in einen Topf, nachdem Sie die Salbeiblätter herausgenommen haben. Die Kruste, die sich in der Form gebildet hat, lösen Sie mit etwas kochendem Wasser heraus. Kein kaltes Wasser verwenden, weil sonst die Form unweigerlich zerspringen würde! Den Topf mit Flüssigkeit stellen Sie aufs Feuer, rühren das Mehl in der Sahne an und dicken damit die Sauce ein. Sie wird getrennt zum Fleisch serviert. Dazu reichen Sie hausgemachte Spätzle, körnig gekochten Reis oder Kartoffelknödel und junges Gemüse wie Zuckererbsen, Prinzeßbohnen oder, je nach Jahreszeit, frischen Spargel.

☐ 110 Min./220°C

Schwalbennester

---
4 Scheiben Kalbfleisch · 4 Scheiben roher Schinken
4 hartgekochte Eier · ½ l Brühe
Mehl · 150 g Champignons · 3 EL Sauerrahm

Belegen Sie jede Kalbfleischscheibe, ohne sie zu salzen, mit einer Scheibe rohem Schinken: Der Salzgehalt des Schinkens geht in ausreichendem Maß auf das Kalbfleisch über. Auf jede dieser Doppelscheiben legen Sie nun ein hartgekochtes — natürlich geschältes — Ei. Dann wickeln Sie sie zu Rouladen zusammen. Binden Sie die Rouladen mit einem Faden fest oder durchstoßen Sie sie mit einem Hölzchen, damit sie nicht auseinanderfallen können.

Nun legen Sie die Rouladen nebeneinander in den gewässerten Tontopf und gießen die Brühe zu.

Nach der Garzeit legen Sie die Kalbfleischrollen auf eine vorgewärmte Platte. Die Schmorflüssigkeit gießen Sie in einen Topf und binden sie mit Mehl, das Sie in etwas kaltem Wasser angerührt haben, zur Sauce. Falls nötig, schmecken Sie mit etwas Salz ab.

Während die Fleischrollen garen, putzen Sie die Champignons und schneiden sie in dünne Scheiben. Jetzt geben Sie sie in die Sauce und lassen sie ungefähr fünf Minuten darin kochen. Dann ziehen Sie den Topf vom Herd und rühren den Sauerrahm ein.

Schneiden Sie die Rouladen quer durch, so daß sie — aufrecht in die Sauce gesetzt — den Eindruck eines Nestchens erwecken. Dazu reichen Sie Kartoffelpüree und grünen Salat.

60 Min./220°C

Geschmorte Kalbshaxe

1 Kalbshaxe · Salz, Pfeffer · 1 mittelgroße Zwiebel
2 Gewürznelken · 1 Bund Suppengrün
1 Lorbeerblatt · ½ l Wasser · 1 EL Mehl · ⅛ l Sauerrahm

Die Kalbshaxe reiben Sie kräftig mit Salz und Pfeffer ein und legen sie anschließend in eine gewässerte Tonform. Spicken Sie die Zwiebel mit den Gewürznelken, die Sie zusammen mit dem geputzten, kleingeschnittenen Suppengrün und dem Lorbeerblatt zugeben. Nun gießen Sie noch das Wasser in die Form und schließen sie.

Die geschmorte Haxe legen Sie auf eine vorgewärmte Platte. Nun gießen Sie die Kochbrühe durch ein Sieb in einen kleinen Topf, lassen sie kurz aufkochen und binden sie mit dem in etwas Wasser angerührten Mehl zur Sauce. Würzen Sie nach Geschmack und geben Sie, nachdem Sie den Topf bereits vom Herd genommen haben, den Sauerrahm zu.

Die geschmorte Kalbshaxe servieren Sie zu Semmelknödeln und grünem Salat.

⊟ 150 Min./220°C

Curryfilet mit gebackenen Bananen

1 Kalbsfilet · Salz, Pfeffer
5–7 Scheiben durchwachsener Räucherspeck
1 TL Currypulver · 4 Bananen · Zitronensaft

Befreien Sie das Filet von Haut und Sehnen. Dann reiben Sie es mit Salz und Pfeffer ein und legen es in die gewässerte Tonform.

Bestreuen Sie es möglichst gleichmäßig mit Currypulver, und decken Sie es mit Räucherspeck ab.
Neben das Filet legen Sie die geschälten, ganzen Bananen und beträufeln sie mit Zitronensaft.
Als Beilage reichen Sie körnigen Reis oder Pommes frites.

▱ 45 Min./220 °C

Gefüllte Kalbsbrust

(Foto Seite 87)

1000 g ausgelöste Kalbsbrust
FÜR DIE FÜLLUNG:
300 g Hackfleisch · 1 kleine Zwiebel · 1 Ei
1 kleines Sträußchen Petersilie · 1 Messerspitze Thymian
1 Messerspitze abgeriebene Zitronenschale
1–2 EL Semmelbrösel · Salz, Pfeffer

Für die Füllung vermischen Sie das Hackfleisch mit der kleingeschnittenen Zwiebel, mit Ei, der feingewiegten Petersilie, Thymian, Zitronenschale und soviel Semmelbröseln, daß eine geschmeidige Masse entsteht. Dann schmecken Sie sie mit Salz und frisch gemahlenem Pfeffer ab. Diese Fleischfarce füllen Sie in die Hauttasche, die durch das Herausnehmen der Rippenknochen aus der Kalbsbrust entstanden ist. Dann nähen Sie die Tasche zu, legen die Kalbsbrust mit der Naht nach oben in eine (gewässerte) Tonform und schließen den Deckel.
Dazu gibt es Salat und Kartoffelpüree.

▱ 120 Min./220 °C

▦ 10 Min./600 W +
35 Min./400 W + 10 Min. Stehzeit

Gespicktes Kalbsherz

1 Kalbsherz · 75 g Räucherspeck · Salz, Pfeffer
1 Zwiebel · ¼ l Sauerrahm · 1 Stäubchen Muskatnuß

Waschen Sie das Herz und spicken Sie es mit dem Speck, den Sie in Streifen geschnitten haben. Dann reiben Sie das Herz mit Salz und Pfeffer ein und legen es in eine gewässerte Tonform. Nun schneiden Sie die Zwiebel in feine Scheiben und belegen damit das Kalbsherz. Geben Sie den Sauerrahm dazu, Muskatnuß darüber, und schließen Sie die Form.
Als Beilagen reichen Sie Kartoffelpüree und Rosenkohl.

▤ 75 Min./220°C

Kalbszungen in Champignonsauce

2 Kalbszungen · 1 Bund Suppengrün
1 gestrichener TL Salz · 3–4 EL Sahne oder Dosenmilch
Mehl oder Stärkemehl · 150 g Champignons
Zitronensaft · Salz, Pfeffer · 1 EL Butter

Waschen Sie die Kalbszungen gründlich unter fließendem Wasser, und legen Sie sie in einen gewässerten Tontopf. Anschließend putzen Sie das Suppengrün, schneiden es klein und legen es dazu. Dann streuen Sie das Salz darüber und gießen soviel Wasser auf, daß die Zungen eben bedeckt sind.
Nach der Garzeit die Zungen häuten. Dann füllen Sie die Brühe durch ein Sieb in einen Topf, erhitzen sie auf der Herdplatte und binden sie mit Mehl oder Stärkemehl, das in Sahne oder Dosen-

milch angerührt wurde. Nun putzen Sie die Champignons, schneiden sie blättrig, lassen sie in der Sauce fünf Minuten durchkochen und schmecken mit Zitronensaft, Salz und Pfeffer ab. Ein Eßlöffel Butter verfeinert den Geschmack.

Die fertige Champignonsauce gießen Sie in die Tonform zurück, schneiden die Kalbszungen schräg in Streifen auf und legen sie dazu. Servieren Sie mit Salzkartoffeln.

90 Min./220°C

Orangenfilet

1000 g Kalbsfilet · Saft einer Orange
Semmelbrösel zum Wälzen
FÜR DIE BUTTERORANGEN:
4 Orangen · 3 EL Butter

Das von Haut und Sehnen befreite Kalbsfilet beträufeln Sie mit dem Saft der Orange. Lassen Sie das Fleisch ungefähr eine Stunde kühl ruhen, damit der Saft einziehen kann. Dann wälzen Sie das Filet in Semmelbröseln und legen es in eine gewässerte Tonform. Zum fertigen Filet reichen Sie Butterorangen. Zerlassen Sie dazu die Butter in einer Pfanne auf kleinem Feuer. Ehe die Butter anfängt zu bräunen, legen Sie die geschälten, in Scheiben geschnittenen Orangen hinein, und lassen sie darin bei geschlossenem Deckel in fünf bis zehn Minuten gar dämpfen.

Servieren Sie dazu Mandelreis.

50 Min./220°

Champignonfilet

1000 g Kalbsfilet · Salz, Pfeffer · 200 g Champignons

½ l Fleisch- oder Würfelbrühe · Mehl

2–3 EL Sahne oder Dosenmilch · Zitronensaft

Reiben Sie das Fleisch, das Sie von Haut und Sehnen befreit haben, mit Salz und Pfeffer ein und legen es in den gewässerten Tontopf. Dann putzen Sie die Champignons, schneiden sie blättrig und umlegen damit das Filet. Zum Schluß übergießen Sie es mit der Fleisch- oder Würfelbrühe.

Sobald es gar ist, legen Sie das Fleisch auf eine vorgewärmte Platte und füllen die Schmorflüssigkeit mit den Champignons in einen Topf um. Sie wird erhitzt, dann binden Sie sie mit in Sahne oder Dosenmilch angerührtem Mehl zu einer Sauce, die Sie mit Salz, Pfeffer und Zitronensaft abschmecken. Mit dieser Sauce übergießen Sie das Filet.

Als Beilage eignen sich Safranreis, Butternudeln oder Salzkartoffeln.

☐ 60 Min./220°C

Kalbsgeschnetzeltes

---
750 g Kalbfleisch · 1 Knoblauchzehe · Salz, Pfeffer

⅛ l Weißwein · ⅛ l Fleisch- oder Würfelbrühe

1 Sträußchen Petersilie

Schneiden Sie das Fleisch zunächst in dünne Scheiben und anschließend in drei Zentimeter lange Streifen. Dann geben Sie das

»geschnetzelte« Kalbfleisch in eine gewässerte Tonform, zerdrükken eine Knoblauchzehe darüber und würzen mit Salz und frisch gemahlenem Pfeffer. Nun gießen Sie noch Weißwein und Brühe dazu und schließen die Form.

Nach der Garzeit nehmen Sie das Kalbsgeschnetzelte aus dem Ofen, überstreuen es mit feingewiegter Petersilie und servieren es in der Form. Dazu passen als Beilage körnig gekochter Reis oder Kartoffeln und junges, in Butter geschwenktes Gemüse.

▭ 45 Min./220°C

Kalbsrahmgulasch

750 g Kalbfleisch · 2 EL Butter oder Margarine
2 große Zwiebeln · 1 TL Mehl
¼ l Sahne · ¼ l Brühe · 1 EL Paprikapulver, edelsüß · Salz

Schneiden Sie das Fleisch in Würfel. Erhitzen Sie die Butter oder Margarine in einer großen Pfanne und dünsten Sie darin die kleingehackten Zwiebeln glasig. Dann geben Sie die Fleischwürfel zu und lassen sie kurz mitrösten, aber nicht bräunen. Stäuben Sie etwas Mehl darüber, und löschen Sie mit der Brühe ab.

Nun füllen Sie den Inhalt der Pfanne in eine gewässerte Tonform um, gießen die Sahne zu und würzen anschließend mit Paprikapulver und Salz.

Dazu können Sie hausgemachte Spätzle oder Nudeln ebensogut servieren wie Kartoffeln oder körnig gekochten Reis.

▭ 90 Min./220°C

VOM SCHWEIN

Gebackene Schweineschulter mit »Sauce Singapore«

1000 g Schweineschulter mit Schwarte, ohne Knochen
Pfeffer · 1 EL Kräutersenf
FÜR DIE SAUCE:
Saft einer halben Zitrone oder Orange
1 TL kleingeschnittenes Mangochutney
1 TL Bienenhonig · ⅛ l Sahne · Salz

Lassen Sie sich die Schwarte der Schweineschulter von Ihrem Metzger über Kreuz einritzen, so daß sich Karos ergeben. Zu Hause reiben Sie in die Einschnitte Salz und frisch gemahlenen Pfeffer. Würzen Sie die übrigen drei Seiten, die Sie noch zusätzlich mit Kräutersenf bestreichen. Nun legen Sie das Fleisch — mit der Schwarte nach oben — in Ihren (gewässerten) *Römertopf*.
Die Flüssigkeit, die Sie nach dem Garen in der Form haben, ist größtenteils herausgebackenes Fett. Sie können es zur Sauce verwenden: Füllen Sie die Flüssigkeit in einen kleinen, hohen Topf. Geben Sie Zitronen- oder Orangensaft, das Mangochutney und den Honig zu, und bringen Sie den Inhalt zum Kochen. Unter ständigem Rühren mit dem Schneebesen gießen Sie so viel Sahne ein, bis die Sauce leicht cremig wird. Nehmen Sie den Topf von der Herdplatte, schmecken Sie mit Salz und frisch gemahlenem schwarzen Pfeffer ab. Die Sauce sollte sofort — getrennt vom Fleisch — serviert werden.
Reichen Sie zur Schweineschulter mit »Sauce Singapore« junges Gemüse und — der Sauce wegen — Salzkartoffeln.

Schinken in Burgunder (Rezept Seite 114)

Hühnerbrüstchen mit Champignons (Rezept Seite 130)

Übrigens, reiben Sie bitte keinen Senf in die Schwarte! Sie wird sonst nicht knusprig.

☰ 150 Min./250°C

≋ 20 Min./600 W +
20 Min./350 W + 10 Min. Stehzeit

Schweinskarree mit Ananas

4—5 Portionen
1000 g Schweinskarree · 4—5 Scheiben Ananas aus der Dose
Salz, Pfeffer · Paprikapulver, edelsüß

Schneiden Sie das Fleischstück 4- bis 5mal in gleichmäßigen Abständen bis zum Knochen ein. Schieben Sie in jede Spalte eine Ananasscheibe, die gut abgetropft sein sollte. Anschließend reiben Sie das so gefüllte Schweinskarree mit Salz und frisch gemahlenem Pfeffer ein und überstäuben es mit edelsüßem Paprikapulver. Legen Sie das Fleischstück in eine gut gewässerte Tonform, schließen Sie sie und stellen sie ins Backrohr.

Schneiden Sie den fertigen Braten so in Scheiben, daß jede in der Mitte eine Ananasscheibe aufweist. Reichen Sie dazu Kartoffelkroketten oder körnig gekochten Reis und Champignonsalat.

☰ 90 Min./220°C

Schweinefilet in Rahmsauce

1000 g Schweinefilet · Pfeffer
1 TL Kräutersenf · ¼ l Sahne
FÜR DIE SAUCE:
1 TL Mehl · 2–3 EL Sahne oder Dosenmilch
1 Spritzer Zitronensaft

Reiben Sie das Filet mit frisch gemahlenem Pfeffer ein, nachdem Sie es von Haut und Sehnen befreit haben. Dann bestreichen Sie es dünn mit Kräutersenf und legen es anschließend in die (gut gewässerte) Tonform. Gießen Sie die Sahne zu und schließen die Form.

Nehmen Sie das gegarte Filet aus der Tonform und schneiden Sie es in Scheiben. Gießen Sie die Flüssigkeit in eine Kasserolle. Dann legen Sie die Scheiben in den Topf und stellen ihn – geschlossen – in das inzwischen ausgeschaltete Rohr zurück. Rühren Sie das Mehl in Sahne oder Dosenmilch glatt, und binden Sie damit die Flüssigkeit zur Sauce. Nehmen Sie dann die Kasserolle vom Herd, und rühren Sie den Zitronensaft unter. Seien Sie hier bitte sparsam. Zuviel Zitronensaft macht die Sauce nicht nur unangenehm sauer, er läßt sie auch gerinnen. Schmecken Sie mit Salz und Pfeffer ab. Gießen Sie die fertige Sauce über das Schweinefilet, bevor Sie es in der Form servieren. Dazu gibt's Brokkoli oder Stangenspargel oder auch Spargelsalat.

▭ 60 Min./220°C

≋ 10 Min./600 W +
15 Min./300 W + 5 Min. Stehzeit

Chinesisches Schweinefleisch mit Ananas

1 große Zwiebel · 4 große Schweineschnitzel
2 EL Öl · 150 g Pilze · 1 Tasse Ananasstückchen
1 Glas Weißwein · 2 EL Sojasauce
je 1 Messerspitze Ingwerpulver und weißer Pfeffer
1 Prise Zucker

Schälen Sie die Zwiebel, und schneiden Sie sie in feine Ringe. Die Schnitzel teilen Sie in schmale Streifen.

Erhitzen Sie in einer Pfanne Öl. Braten Sie darin die Zwiebelringe und Fleischstreifen goldbraun an. Dann ziehen Sie die Pfanne vom Herd.

Putzen Sie die Pilze, und schneiden Sie sie blättrig. Inzwischen ist der Pfanneninhalt so weit abgekühlt, daß Sie ihn zusammen mit den Pilzen und Ananasstückchen in den gut gewässerten *Römertopf* umfüllen können. Rühren Sie Sojasauce, Ingwerpulver, weißen Pfeffer und Zucker in den Weißwein, gießen diese Mischung über die Zutaten im *Römertopf* und schließen die Form.

Servieren Sie zum chinesischen Schweinefleisch Safranreis.

⊟ 90 Min./220°C

Gefüllter Schweinebauch

6—7 Portionen
FÜR DIE FÜLLUNG:
1 große Zwiebel · 1 kleiner saurer Apfel · 2 EL Öl
250 g durchgedrehte Schweineleber · 1 Ei · 3 EL Sahne
Salz, Pfeffer · ½ TL Majoran · 1 Sträußchen Petersilie
ca. ½ Tasse Semmelbrösel
1000 g magerer Schweinebauch mit Schwarte ohne Knochen
1 EL würzflüssige Zwiebel · Pfeffer
¼ l Fleisch- oder Würfelbrühe
½ Tasse Madeira · 1 EL Zitronensaft

Bereiten Sie zunächst die Füllung zu: Schälen Sie die Zwiebel und den Apfel und würfeln Sie beides. Erhitzen Sie das Öl in einer Pfanne. Rösten Sie zuerst die Zwiebeln darin glasig. Dann geben Sie die Apfelwürfel zu und braten alles unter ständigem Rühren fünf Minuten lang. Ziehen Sie die Pfanne vom Herd.
Füllen Sie die durchgedrehte Leber in eine Schüssel. Schlagen Sie das Ei hinein, und geben Sie die Sahne zu. Rühren Sie, bis die Masse leicht schaumig wird. Nun kommt der Pfanneninhalt hinein. Salzen und pfeffern Sie nach Geschmack, und würzen Sie mit Majoran. Wiegen Sie die Petersilie sehr fein, und rühren Sie sie unter. Arbeiten Sie so viel Semmelbrösel ein, bis eine weiche, jedoch formbare Masse entsteht.
Ritzen Sie die Schwarte über Kreuz in Karos. Schneiden Sie seitlich in das Fleisch eine Tasche, und füllen Sie die Lebermischung hinein. Anschließend nähen Sie die Öffnung zu. Reiben Sie das Fleisch rundum zuerst mit würzflüssiger Zwiebel und dann mit frisch gemahlenem Pfeffer ein.

Legen Sie den Schweinebauch mit der Schwarte nach oben in den *Römertopf*. Rühren Sie Madeira und Zitronensaft in die Fleischbrühe ein, gießen Sie diese Flüssigkeit in die Form und schließen Sie den Deckel.

Nach der Garzeit heben Sie den Braten aus der Form und ziehen die Fäden heraus. In Scheiben geschnitten, richten Sie das Fleisch auf einer Platte an und stellen es warm. Füllen Sie die Flüssigkeit in einen Topf um. Rühren Sie Mehl in kaltem Wasser an. Damit binden Sie die Sauce. Mit Salz, Pfeffer und Madeira abgeschmeckt, reichen Sie die Sauce getrennt zum Fleisch.

Servieren Sie den gefüllten Schweinebauch mit Semmel- oder Kartoffelknödeln und gemischtem Salat.

☰ 90 Min./220°C

≋ 10 Min./600 W +
30 Min./300 W + 5 Min. Stehzeit

Gebackener Schweinekamm

1000 g Schweinekamm (Halsgrat)
Knoblauchsalz · Salz, Pfeffer · 1 Zwiebel · 2 Tomaten

Bestäuben Sie den Schweinekamm mit Knoblauchsalz, Salz und Pfeffer, und legen Sie das Fleisch in einen gewässerten Tontopf. Die geschälte Zwiebel schneiden Sie in grobe Stücke. Die Tomaten vierteln Sie, nachdem Sie sie überbrüht und enthäutet haben. Nun umlegen Sie das Fleisch mit den Zwiebeln und Tomaten. Als Beilagen reichen Sie Salzkartoffeln und Fenchelgemüse.

☰ 90 Min./220°C

Römerschinken

6 Portionen
1500 g aus dem Schinken · Salz
2 feingeriebene Honiglebkuchen oder 5—6 kleine Pfefferkuchen
½ Tasse Wasser · 1 Glas Rotwein
etwas Mehl · Wasser

Lösen Sie die Schwarte, nicht jedoch die Fettschicht vom Schinken. Dann reiben Sie das Fleisch rundum mit Salz ein und wälzen es anschließend in den Lebkuchenbröseln.

Legen Sie den Schinken nun mit der Fettschicht nach oben in einen (gewässerten) Tontopf. Gießen Sie das Wasser dazu, jedoch nicht darüber.

Nach dem Schmoren gießen Sie den Bratensaft in einen Topf und geben ein Glas Rotwein zu. Erhitzen Sie die Flüssigkeit, und rühren Sie inzwischen etwas Mehl in Wasser an. Damit dicken Sie die Sauce ein, die getrennt serviert wird. Zum Römerschinken passen Reis und junge Erbsen.

Um reibfähigen Lebkuchen zu erhalten, lassen Sie sie ein paar Tage an der Luft liegen. Für dieses Rezept eignen sich am besten die etwas stärker gewürzten, dunklen Honiglebkuchen, selbstverständlich ohne Glasur.

☐ 120 Min./250°C

   8 Min./600 W +
   35 Min./400 W + 10 Min. Stehzeit

Budapester Schweinebraten

1000 g aus dem Vorderschinken · 1 Knoblauchzehe
10–12 dünne Scheiben ungarische Salami
1–2 rote Paprikaschoten · Salz
1–2 TL Paprikapulver, scharf

Zerdrücken Sie die Knoblauchzehe, und reiben Sie den Saft rundum in das Fleisch ein. Schneiden Sie das Fleisch in Größe der Wurstscheiben tief ein, so daß quer zur Faser Schnitte in einem Abstand von ungefähr zwei Zentimetern entstehen. Da hinein legen Sie jeweils eine Scheibe Salami und ein paar Streifen der roten Paprikaschoten. Salzen Sie nur leicht, die Wurstscheiben geben einen Teil ihrer Würze an das Fleisch ab. Zum Schluß bestreuen Sie das Fleisch dick mit scharfem Paprikapulver und legen es in eine (gewässerte) Tonform, deren Deckel Sie schließen.
Schneiden Sie das Fleisch nach dem Garen so auf, daß jede Scheibe mit Wurst und Paprikastreifen gefüllt ist und jeder von der Fülle etwas bekommt.
Dazu reichen Sie körnig gekochten Reis oder Kartoffelpüree und geschmorte Tomaten.

▢ 150 Min./220°C

▢ 15 Min./600 W +
30 Min./300 W + 5 Min. Stehzeit

Schinken in Burgunder

(Foto Seite 105)

---

1 geräucherter, sehr magerer Schinken von 3000 g
½ l Wasser · 1 eigroßes Stück Butter · 1 große Zwiebel
1 Bund Suppengrün · ½ l Burgunder
1 Lorbeerblatt · 2 Gewürznelken · 1–2 TL Zitronensaft
1 EL Farinzucker · etwas Mehl

Schinken in Burgunder ist ein Festessen, das Sie nur für 8—10 Personen zubereiten können — kleinere Mengen ergeben nicht den vollmundigen Geschmack.

Legen Sie den Schinken über Nacht in kaltes Wasser, damit ein Teil des Salzgehaltes ausgelaugt wird. Am nächsten Tag legen Sie ihn in einen gewässerten Tontopf und gießen einen halben Liter Wasser zu.

Dann zerlassen Sie die Butter in einer Pfanne und rösten darin die zuvor kleingeschnittene Zwiebel und das geputzte Suppengrün an. Löschen Sie mit etwas Burgunder ab. Den Pfanneninhalt füllen Sie in die Tonform um, geben dann den restlichen Burgunder, Lorbeerblatt und Gewürznelken zu, schließen die Form und stellen sie in den Ofen.

Nach etwa eindreiviertel Stunden nehmen Sie den Schinken aus der Tonform und entfernen — falls vorhanden — vorsichtig die Schwarte. Anschließend legen Sie ihn in die Form zurück und begießen ihn mit der Kochflüssigkeit, bevor Sie den Deckel wieder schließen und den Topf für weitere eineinhalb Stunden in den Ofen schieben.

Sobald die Gesamtzeit von dreieinviertel Stunden um ist, nehmen Sie den Schinken aus der Form und gießen die Kochflüssigkeit durch ein Sieb in einen Topf. Sie wird erneut erhitzt und mit in Wasser angerührtem Mehl zur Sauce gebunden. Schmecken Sie

dann mit Zitronensaft ab. Vorher jedoch legen Sie den Schinken in die Form zurück, bestreuen ihn mit Farinzucker und träufeln ein paar Tropfen Zitronensaft darüber.
Anschließend schieben Sie die Form wieder offen ins Rohr und lassen den Schinken 10 bis 12 Minuten überkrusten. Servieren Sie ihn auf einer Platte, garniert mit Petersilie und Zitronenscheiben, die Sauce extra in einer Sauciere. Dazu reichen Sie glasierte Kastanien, Rotkohl und Salzkartoffeln.

☱ 210 Min./250°C

Kümmelbraten

4–5 Portionen
1000 g magerer Schweinebauch, mit Schwarte, ohne Knochen
2 EL Cognac · Pfeffer · 3 EL Kümmel · 1 Zwiebel

Ritzen Sie die Schwarte über Kreuz in Karos. Dann reiben Sie das Fleisch rundum mit Cognac ein. In Alufolie eingewickelt, lassen Sie es zwei Stunden durchziehen.
Anschließend reiben Sie den Schweinebauch auf allen Seiten mit frisch gemahlenem Pfeffer ein. Bestreuen Sie ihn mit Kümmel, und drücken Sie die Körner gut an. Legen Sie das Fleisch mit der Schwarte nach oben in den (gewässerten) *Römertopf*. Schälen Sie die Zwiebel, hacken Sie sie in grobe Stücke und umlegen Sie damit den Braten.
Servieren Sie zu dem Kümmelbraten Kartoffelpüree und Tomatensalat.

☱ 76 Min./220°C

≋ 45 Min./300 W + 5 Min. Stehzeit

Curryfleisch

1000 g mageres Schweinefleisch · 2 Zwiebeln
1–2 EL Öl · 1 gestrichener EL Currypulver
1 EL Tomatenmark, verrührt in 1 Tasse Wasser · Salz

Schneiden Sie das Fleisch in Scheiben und diese wiederum in schmale Streifen. Die Zwiebeln schälen und würfeln Sie und rösten sie in einer Pfanne in erhitztem Öl goldgelb. Dann füllen Sie die Fleischstreifen in eine Schüssel, geben die Zwiebelwürfel dazu, salzen nach Geschmack und stäuben das Currypulver darüber. Mischen Sie alles gut miteinander, und füllen Sie das Ganze in eine gewässerte Tonform um. Gießen Sie das mit Wasser verrührte Tomatenmark dazu, bevor Sie die Form schließen.
Dazu reichen Sie Reis und gemischten Salat.
Wenn Sie das Curryfleisch sehr scharf lieben, verwenden Sie statt einem Eßlöffel Tomatenmark einen Eßlöffel Chilisauce.

 60 Min./220°C

Halsgrat in Frühlingssauce

1000 g Schweinehalsgrat · Salz, Pfeffer
75 g geräucherter Speck in Scheiben
1 Zwiebel · 1 Bund Suppengrün · ¼ l Weißwein
etwas Mehl, in Wasser angerührt
1 Tasse feingewiegte Frühlingskräuter

Salzen und pfeffern Sie den Schweinehalsgrat, und legen Sie ihn in eine gewässerte Tonform. Die Speckscheiben decken Sie über das Fleisch und geben die geschälte, in grobe Stücke gehackte Zwiebel

und das geputzte Suppengrün dazu. Nun gießen Sie noch den Weißwein an, schließen die Form und schieben sie in den Ofen. Nach der Garzeit heben Sie das Fleisch aus der Form auf eine vorgewärmte Platte. Die Flüssigkeit gießen Sie durch ein Sieb in einen Topf und binden sie nach kurzem Aufkochen mit dem angerührten Mehl zur Sauce. Zuletzt rühren Sie die frischen Kräuter unter und schmecken mit Salz und Pfeffer ab.
Zum Halsgrat in Frühlingssauce servieren Sie Semmelknödel und grünen Salat.

75 Min./220°C

Ungarischer Schinkentopf

500 g gekochter Schinken am Stück
2 mittelgroße Zwiebeln · 1 EL Öl
3 grüne Paprikaschoten · 4–6 Tomaten, je nach Größe
¼ l Fleisch- oder Würfelbrühe
1 TL Paprikapulver, edelsüß · Pfeffer

Schneiden Sie den Schinken in Würfel, die Sie in eine gewässerte Tonform schichten. Die geschälten Zwiebeln schneiden Sie in Ringe, rösten sie in einer Pfanne mit Öl goldgelb und bedecken damit die Schinkenwürfel. Nun zerteilen Sie die gewaschenen Paprikaschoten, entfernen die Kerne und schneiden die Schoten in Streifen, die Sie auf die Zwiebelschicht legen. Die Tomaten überbrühen Sie, ziehen ihnen die Haut ab und legen sie, in Scheiben geschnitten, als letzte Schicht obenauf in Ihren Schinkentopf. Nun würzen Sie die Brühe mit Paprikapulver und Pfeffer und gießen sie über die Schichten. Servieren Sie den Ungarischen Schinkentopf mit Reis.

45 Min./220°C

Steirisches Wurzelfleisch

2 l Salzwasser · 1 Tasse Kräuteressig · 1000 g Schweinefleisch
1 große Zwiebel, gespickt mit 3 Gewürznelken
3 Pfefferkörner · ½ Lorbeerblatt · 500 g gelbe Rüben
1 Knolle Sellerie · 2 Petersilienwurzeln
½ Stange Meerrettich · 3 große Gewürzgurken

Gießen Sie das Salzwasser und den Kräuteressig in die gewässerte Tonform. Dann legen Sie das Fleisch hinein, zusammen mit der Zwiebel, den Pfefferkörnern und dem Lorbeerblatt. Putzen und zerkleinern Sie die Rüben, die Sellerieknolle und die Petersilienwurzeln. Füllen Sie alles — gut miteinander vermischt — ebenfalls in die Tonform.

Sobald das Fleisch gargeschmort ist, schneiden Sie es in Scheiben, die Sie auf einer vorgewärmten Platte anrichten. Gießen Sie die Brühe durch ein Sieb; sie läßt sich noch gut für eine Suppe verwenden. Das zurückgebliebene Gemüse legen Sie als Kranz um die Fleischscheiben. Den Meerrettich, den Sie fein reiben, streuen Sie obenauf und garnieren das Ganze zum Schluß mit den zu Fächern geschnittenen Gewürzgurken. Servieren Sie das Steirische Wurzelfleisch mit lockeren Semmelknödeln.

⊟ 120 Min./220°C

Schweizer Käserouladen

4 Schweineschnitzel · 4 Scheiben Emmentaler Käse

4 dünne Scheiben roher Schinken

1 kleine Dose Tomatenmark · 1 Tasse Wasser

eventuell etwas Salz und Paprikapulver, edelsüß

Belegen Sie jedes Schnitzel mit je einer Scheibe Käse und rohem Schinken.
Rollen Sie diese drei Schichten zusammen von der Schmalseite her auf. Die Rollen klammern Sie mit Rouladenklammern fest oder umwickeln sie mit Zwirn. Nun verrühren Sie das Tomatenmark mit Wasser, legen die Rouladen in den gewässerten *Römertopf* und gießen die Flüssigkeit dazu.
Dazu reichen Sie Kartoffeln und Gemüse nach Belieben.
Schinken und Käse geben einen Teil ihrer Würze an das Fleisch ab, das dadurch nicht eigens gewürzt werden muß. Wollen Sie dennoch nachwürzen, seien Sie bitte vorsichtig. Ein Zuviel kann hier leicht den feinen Geschmack verderben.

 75 Min./220°C

Chinesisches Schweinefleisch

1000 g Schweinefleisch · 1 Tasse Sojasauce (8 EL)

1 Stück Würfelzucker · ½ TL gemahlener Ingwer

etwas Mehl oder Stärkemehl, in Wasser angerührt

Salz · Zucker · 1 Schuß Chinesischer Reiswein

Schneiden Sie das Fleisch in Würfel und legen Sie es in eine gewässerte Tonform. Dann gießen Sie eine Tasse voll Sojasauce darüber und füllen mit so viel Wasser auf, daß die Fleischstücke bedeckt sind. Legen Sie einen Würfel Zucker dazu, und würzen Sie mit Ingwerpulver.

Nach dem Garen dicken Sie die Brühe mit etwas angerührtem Mehl oder Stärkemehl ein, schmecken mit Salz und Zucker ab und verfeinern mit einem Schuß Reiswein.

Zu dem Chinesischen Schweinefleisch reichen Sie Reis und Bambussprossen- oder auch Weizenkeimsalat.

 120 Min./220°C

Zitronenbraten

1000 g Schweinefleisch vom Schlegel
Saft einer halben Zitrone · Salz, Pfeffer
⅛ l Sauerrahm · ½ Tasse Wasser

Sie beträufeln das Fleisch mit Zitronensaft, wickeln es in Alufolie und stellen es anschließend für ein bis zwei Stunden in den Kühlschrank, damit der Saft gut einziehen kann.

Danach salzen und pfeffern Sie das Fleischstück und legen es in eine (gewässerte) Tonform. Verrühren Sie Sauerrahm und Wasser miteinander, und gießen Sie die Flüssigkeit in die Form, aber nicht über das Fleisch.

Dazu passen körniger Reis und gegrillte Maiskolben mit frischer Butter.

120 Min./220°C

15 Min./600 W +
25 Min./300 W + 10 Min. Stehzeit

Gekochtes Pökelfleisch

1000 g Pökelfleisch (von Schulter oder Halsgrat)
4 Gewürznelken · 4 Pfefferkörner · 1 Lorbeerblatt
2 Bund Suppengrün · 2 l Wasser

Spülen Sie das Fleisch gut mit kaltem Wasser ab, damit es einen Teil des Salzgehalts verliert, und legen Sie es anschließend in eine gewässerte Tonform. Geben Sie die Gewürze, das geputzte, kleingeschnittene Suppengrün und das Wasser zu.
Sobald das Fleisch gar ist, legen Sie es — in Scheiben geschnitten — schuppenartig auf eine vorgewärmte Platte. Einen kleinen Teil der Brühe gießen Sie darüber und umlegen es mit einem Kranz von gedünstetem Gemüse, zum Beispiel Lauchstangen, Möhren oder Schwarzwurzeln. Dazu reichen Sie Salzkartoffeln.
Schütten Sie die übrige Brühe nicht weg. Sie können sie zur »Elsässer Suppe« (s. S. 18) verwenden.

▭ 120 Min./220°C

Szegediner Gulasch

500 g Schweinefleisch · Salz
2 EL Paprikapulver, edelsüß · 750 g Sauerkraut
1 säuerlicher Apfel · 1 mittelgroße Zwiebel
¼ l Wasser · ⅛ l Sauerrahm oder Weißwein

Schneiden Sie das Fleisch in mundgerechte Würfel, die Sie in eine gewässerte Tonform füllen, salzen und mit Paprikapulver überstreuen. Dann zerrupfen Sie das Sauerkraut und decken es über

die Fleischwürfel. Schälen und entkernen Sie nun den Apfel, hakken Sie ihn in grobe Stücke, die Sie über das Sauerkraut streuen. Dann wird die Zwiebel geschält und in Scheiben geschnitten, mit denen Sie die Krautschicht abdecken. Nun gießen Sie noch das Wasser zu und schließen die Form.
Nach der Garzeit rühren Sie — nach Geschmack — Weißwein oder Sauerrahm unter. Servieren Sie das Szegediner Gulasch mit Salzkartoffeln.

75 Min./220°C

Schweineleberpastete

500 g durchgedrehte Leber · 2 Eier
1 Messerspitze Salz · 1 Messerspitze Majoran
2 Messerspitzen Paprikapulver, edelsüß
1 Messerspitze Muskatnuß · 1 mittelgroße Zwiebel
175 g roher, magerer Räucherspeck, in kleine Würfel geschnitten
25 g gehackte Pistazienkerne · 150 g Semmelbrösel
100—125 g roher, fetter Räucherspeck, in Scheiben geschnitten

Geben Sie die durchgedrehte Leber in eine Schüssel. Fügen Sie die Eier und Gewürze zu, und schlagen Sie die Masse schaumig. Nun hacken Sie die Zwiebel sehr fein (oder reiben sie) und rühren sie zusammen mit dem kleinwürfelig geschnittenen Speck und den gehackten Pistazienkernen unter die Leber. Arbeiten Sie so viel Semmelbrösel ein, daß ein weicher, jedoch formbarer Teig entsteht.
Legen Sie die (gewässerte) Tonform mit einem Teil der Speckscheiben aus. Nun formen Sie die Lebermasse zum Laib, legen ihn

in die Form, bedecken ihn mit den restlichen Speckscheiben und schließen den Deckel.

Seien Sie vorsichtig bei der Salzzugabe: Sowohl der würfelig geschnittene Speck als auch die Speckscheiben geben Salz an die Leberpastete ab. Das müssen Sie berücksichtigen und den Teig entsprechend schwach salzen. Die Messerspitze Salz — wie angegeben — genügt wirklich.

Die Pastete schmeckt heiß ebenso gut wie kalt. Man empfindet ein Zuviel an Salz bei der heißen Pastete jedoch stärker als bei der ausgekühlten.

Reichen Sie sie heiß zu Kartoffelpüree und Tomatensalat. Als Abendessen gedacht, servieren Sie die Schweineleberpastete warm oder kalt zu Toast und Kräuterbutter und runden die Mahlzeit durch einen gemischten Salat mit French Dressing und einen leichten Tischwein ab.

80 Min./250°C

5 Min./600 W +
18 Min./300 W + 10 Min. Stehzeit

VON LAMM UND HAMMEL

Gefüllte Lammkeule, englische Art

8 Portionen
1 Lammkeule (ca. 2000 g) · 500 g saure Äpfel
Saft und abgeriebene Schale einer halben Zitrone
je 2 Messerspitzen gemahlene Nelken und Ingwerpulver
1 TL Knoblauchpulver · 1 TL Zucker · 1 TL Salz
³/₈ l Apfelwein · etwas Mehl in Wasser angerührt

Entfernen Sie sorgfältig alle Hautteile und Knochen von der Lammkeule. Schälen und vierteln Sie die Äpfel, schneiden das Kerngehäuse heraus und anschließend das Fruchtfleisch in dünne Scheibchen. Träufeln Sie den Zitronensaft darüber. Dann vermischen Sie die Äpfel gut mit abgeriebener Zitronenschale, gemahlenen Nelken, Ingwer- und Knoblauchpulver und Zucker. Diese Mischung verteilen Sie auf die Mitte des Fleischstücks, rollen es zusammen und umwickeln es mit Bindfaden. Reiben Sie die Keule rundum leicht mit Salz ein, und legen Sie sie mit der Fettschicht nach oben in den gut gewässerten *Römertopf*. Gießen Sie den Apfelwein hinein. Dann schließen Sie die Form und stellen sie in das Backrohr.

Füllen Sie nach Garzeitende die Schmorflüssigkeit in einen Topf um und binden sie mit in kaltem Wasser angerührtem Mehl zur Sauce. Mit Salz und etwas Zucker abgeschmeckt, wird sie getrennt zur gefüllten Lammkeule gereicht. Dazu passen Rosen- oder Blumenkohl und Salzkartoffeln.

▭ 90 Min./220°C

Hammelragout

3 kleine Zwiebeln · 3–4 EL Butter oder Margarine
1000 g Hammelschulter, in Würfel geschnitten
1 Glas Weißwein · 8 Tomaten · 8 schwarze Oliven
1 Lorbeerblatt · 1 gestrichener TL Rosmarin · Salz
Paprikapulver, scharf · ⅛ l Sahne
2 EL frischer, feingewiegter Kerbel

Schälen Sie die Zwiebeln und hacken Sie sie in kleine Würfel. Dann zerlassen Sie die Butter oder Margarine in einer großen Pfanne und dünsten darin die Zwiebeln glasig. Geben Sie die Fleischwürfel zu, und braten Sie sie kurz an. Löschen Sie mit einem Glas Weißwein ab, und füllen Sie den Pfanneninhalt in einen gut gewässerten *Römertopf* um.

Nun überbrühen Sie die Tomaten, enthäuten und vierteln sie. Dann entkernen Sie die Oliven, hacken sie in grobe Stücke und fügen sie zusammen mit den Tomaten dem Fleisch bei. Legen Sie das Lorbeerblatt dazu, und würzen Sie mit Rosmarin, Salz und Paprikapulver. Dann rühren Sie kurz um und schließen die Form. Zum Schluß schlagen Sie die Sahne steif und heben den feingewiegten Kerbel unter. Diese »grüne Sahne« mischen Sie kurz vor dem Servieren unter das Ragout. Dazu gibt es Spätzle und grünen Salat.

70 Min./220 °C

Gebackener Hammelrücken

1000 g Hammelrücken · Pfeffer
1 Knoblauchzehe · ⅛ l Sauerrahm

Den vom Metzger bratfertig vorgerichteten Hammelrücken reiben Sie mit Pfeffer und dem Saft der zerdrückten Knoblauchzehe ein und legen ihn in eine gewässerte Tonform. Dann begießen Sie das Fleisch mit Sauerrahm und schließen die Form. Als Beilage zu diesem köstlichen Gericht servieren Sie zarte Butterbohnen und lockeres Kartoffelpüree.

 90 Min./220°C

Geschmortes Lamm

750 g Lammfleisch · 2 Knoblauchzehen · 2 EL Öl
Pfeffer · 1 EL frische Rosmarinblättchen
je 1 grüne und gelbe Paprikaschote
2 Tomaten · ¼ l Rotwein · 1 Tasse Sahne · 1 Eigelb

Schneiden Sie das Fleisch in mundgerechte Würfel. Schälen Sie die Knoblauchzehen, und hacken Sie sie sehr fein. Erhitzen Sie das Öl in einer Pfanne, und rösten Sie darin die Fleischwürfel zusammen mit dem Knoblauch goldbraun an. Abgekühlt füllen Sie sie in den (gewässerten) *Römertopf* um. Streuen Sie frisch gemahlenen Pfeffer nach Geschmack darüber, und fügen Sie die Rosmarinblättchen bei. Halbieren und entsteinen Sie die Oliven. Sie kommen ebenfalls in die Form. Entfernen Sie die Kerne aus den Paprikaschoten und schneiden Sie die Schoten in Streifen. Die Tomaten überbrühen Sie, ziehen ihnen die Haut ab und würfeln sie. Ver-

teilen Sie Paprikastreifen und Tomatenwürfel über das Fleisch. Nun gießen Sie noch den Rotwein dazu und schließen die Form. Nach der Garzeit verrühren Sie das Eigelb in der Sahne und binden damit die Schmorflüssigkeit zur Sauce.
Das geschmorte Lamm wird in der Tonform serviert. Reichen Sie körnig gekochten Reis und Bohnensalat dazu.

▤ 75 Min./220°C

≋ 6 Min./600 W +
20 Min./400 W + 5 Min. Stehzeit

Gerollte Lammschulter

750 g Lammschulter ohne Knochen
Salz, Pfeffer · 1 Knoblauchzehe · 1 EL Kräutersenf
1 große Zwiebel · 1 Gewürzgurke · 1/8 l Weißwein

Reiben Sie das Fleisch rundum mit Salz und Pfeffer ein. Zerdrücken Sie die Knoblauchzehe über dem Fleischstück, und streichen Sie den Senf darüber. Die geschälte Zwiebel und die Gewürzgurke hacken Sie fein, vermischen beides miteinander und bestreuen das Fleisch auf einer Seite gleichmäßig damit. Anschließend rollen Sie es ein und binden es mit einem Faden zusammen. Die gerollte Lammschulter wird in die (gewässerte) Tonform gelegt, der Weißwein dazugegossen und dann bei geschlossener Form geschmort.
Servieren Sie die Lammschulter mit lockerem Kartoffelpüree und Rosenkohl.

▤ 90 Min./220°C

≋ 40 Min./400 W + 10 Min. Stehzeit

Hammelkeule mit Pilzen

4—6 Portionen
1 Hammelkeule (etwa 1½ kg) · 1 l Buttermilch
Salz, Pfeffer · Ingwerpulver
1 EL Kräutersenf · ¼ l Sauerrahm
1 Dose oder 200 g frische Pfifferlinge

Die von Haut und Sehnen sorgfältig befreite Hammelkeule legen Sie ein bis zwei Tage in Buttermilch; vergessen Sie jedoch nicht, das Fleisch hin und wieder einmal zu wenden, damit es schön durchzieht.

Aus dieser Beize nehmen Sie die Hammelkeule erst, wenn Sie sie verarbeiten wollen. Dazu wird das Fleisch abgetrocknet, mit Salz, Pfeffer und Ingwerpulver eingerieben und mit Senf bestrichen.

Die so vorbereitete Keule legen Sie in eine gewässerte Tonform und gießen eine Tasse Buttermilch dazu. Nach zwei Stunden öffnen Sie die Form einen Augenblick, gießen den Sauerrahm, den Sie erwärmt haben, zu der Keule und umlegen sie vorsichtig mit den geputzten, kleingeschnittenen Pfifferlingen.

Nach einer weiteren halben Stunde nehmen Sie die Hammelkeule aus der Form und legen sie auf eine vorgewärmte Platte. Wenn nötig, würzen Sie die Sauce nach und servieren sie mit den darin schwimmenden Pilzen. Zu der Hammelkeule mit Pilzen reichen Sie Semmelknödel und einen erfrischenden gemischten Salat nach italienischer Art.

▤ 150 Min./250°C

Lammkeule

1 Lammkeule · Salz, Pfeffer · ¼ l Weißwein
¼ l Wasser · 1 kleines Sträußchen Estragon
etwas Mehl · einige Tropfen Zitronensaft

Befreien Sie die Lammkeule von Haut- und Fetteilen, bevor Sie sie mit Salz und Pfeffer einreiben.
Danach wird das Fleisch in eine gewässerte Tonform gelegt. Sie gießen Wein und Wasser zu und fügen das Sträußchen Estragon bei.
Nach Ende der Garzeit legen Sie die fertige Lammkeule auf eine vorgewärmte Platte. Die Schmorflüssigkeit wird durch ein Sieb in einen kleinen Topf gegossen und mit etwas Mehl angedickt. Diese Sauce wird zusätzlich mit etwas Pfeffer und ein paar Tropfen Zitronensaft abgeschmeckt. Dazu gibt es körnig gekochten Reis und Butterbohnen.

☐ 120 Min./250 °C

Geflügel

Hühnerbrüstchen mit Champignons

(Foto Seite 106)

750 g Hühnerbrüstchen · 1 Messerspitze Knoblauchpulver
1 Messerspitze gemahlener Ingwer · weißer Pfeffer
250 g frische Champignons · ⅛ l Fleisch- oder Würfelbrühe
⅛ l Sauerrahm · 1 Tasse geriebener Käse

Reiben Sie die Hühnerbrüstchen rundum mit Knoblauch- und Ingwerpulver ein. Stäuben Sie etwas Pfeffer darüber.
Anschließend legen Sie das Fleisch in die (gut gewässerte) Tonform. Dann putzen Sie die Champignons, schneiden sie in Scheiben und füllen sie in die Form. Gießen Sie die Brühe und den Sauerrahm zu. Zuletzt bestreuen Sie alles mit dem geriebenen Käse. Stellen Sie die geschlossene Form in das Backrohr.
Reichen Sie körnig gekochten Reis und grünen Salat dazu.

◻ 75 Min./220°C

≋ 10 Min./600 W +
15 Min./300 W + 5 Min. Stehzeit

Hasenrücken mit Champignonsauce (Rezept Seite 161)

Gefüllte Rebhühner (Rezept Seite 176)

Huhn mit Steinpilzen

1 großes Brathuhn · 1 Knoblauchzehe
Salz, Pfeffer · ⅜ l weißer Burgunder
750 g frische Steinpilze · etwas Mehl, in Wasser glattgerührt
Zitronensaft · ½ Sträußchen Petersilie

Zerlegen Sie das bratfertige Huhn in vier Teile, die Sie mit Knoblauch, Salz und Pfeffer einreiben. Legen Sie die Geflügelteile in eine gut gewässerte Tonform, und übergießen Sie sie mit weißem Burgunder. Dann putzen Sie die Steinpilze, schneiden sie blättrig und geben sie in die Form. Gießen Sie noch so viel Wasser auf, daß alles knapp bedeckt ist und gut durchgart.
Nach der Garzeit nehmen Sie die Geflügelteile aus der Form und gießen die Brühe samt den Steinpilzen in einen Topf um. Die Geflügelteile legen Sie in die Form zurück und stellen sie warm. Dann erhitzen Sie die Brühe und binden sie mit dem in Wasser glattgerührten Mehl zur Sauce, die mit Zitronensaft abgeschmeckt und über die Geflügelteile gegossen wird. Zuletzt streuen Sie die zuvor gewaschene und feingewiegte Petersilie darüber.
Huhn mit Steinpilzen wird in der Tonform serviert. Als Beilage geben Sie in Alufolie gebackene Kartoffeln oder Salzkartoffeln und gemischten Salat dazu.

☰ 80 Min./250°C

Gefülltes Huhn

2 Portionen
3–4 Scheiben durchwachsener Räucherspeck
6–8 Weinblätter · 1 Poularde · Salz, Pfeffer

Halbieren Sie die Speckscheiben. Zusammengerollt, wickeln Sie sie in je ein Weinblatt. Verwenden Sie Weinblätter aus der Dose, die in Salzlake eingelegt wurden, wässern Sie sie zuvor gründlich und lassen Sie sie abtropfen.
Füllen Sie die Röllchen in die bratfertig vorbereitete Poularde. Anschließend reiben Sie sie mit Salz und Pfeffer ein. Legen Sie das gefüllte Huhn in den gewässerten *Römertopf*, und schließen Sie die Form.
Reichen Sie zu gefülltem Huhn gemischten Salat und körnig gekochten Reis.

⊟ 90 Min./220°C

Geschmorte Poularde mit Tortillas

1 Poularde (ca. 1400 g) · ⅛ l Orangensaft
⅛ l Zitronensaft · ½ TL Knoblauchpulver · ½ TL Oregano
je 1 Messerspitze gemahlener Kümmel, gemahlene Nelken, Zimt und Pfeffer
Salz · etwas Mehl · 2 EL geröstete Mandelblättchen

Dieses Rezept stammt aus Yucatán. Ich habe es in einem mexikanischen Spezialitäten-Restaurant in den USA kennengelernt.
Zerlegen Sie die Poularde in Portionsteile. Schichten Sie sie in einen gut gewässerten *Römertopf*. Verrühren Sie Orangen- und Zi-

tronensaft miteinander, und würzen Sie ihn mit Knoblauchpulver, Oregano, Kümmel, Nelken, Zimt und Pfeffer und salzen nach Geschmack. Gießen Sie die Mischung über die Hühnerteile, und schließen Sie die Form.

Anschließend heben Sie die Fleischteile aus dem Sud und richten sie in einer vorgewärmten Schüssel an. Stellen Sie sie warm, bis die Sauce fertig ist.

Dazu füllen Sie die Flüssigkeit aus der Tonform in einen Kochtopf um. Rühren Sie Mehl in etwas kaltem Wasser glatt und binden sie damit zur Sauce. Schmecken Sie sie mit Salz und Pfeffer ab. Dann gießen Sie sie über die Poulardenteile. Zuletzt streuen Sie die gerösteten Mandelblättchen darüber.

☰ 105 Min./220°C

Dazu werden Tortillas serviert. Hierzu das Rezept für zwölf Stück, ausreichend für vier Portionen:

175 g Maismehl · 1 TL Salz · ca. ¼ l Wasser

Vermischen Sie Maismehl und Salz in einer Schüssel, und geben Sie unter ständigem Rühren langsam Wasser dazu. Dann kneten Sie den Teig mit den Händen weiter und geben eßlöffelweise soviel Wasser zu, bis der Teig fest ist und nicht mehr an den Händen klebt. Rollen Sie aus dieser Masse 12 runde Platten von zwölf Zentimetern Durchmesser und zwei bis drei Millimetern Dicke aus. Dann backen Sie die Tortillas mit wenig Fett in einer Pfanne von beiden Seiten goldbraun — in der Art etwa, wie Sie es von Eierkuchen her gewohnt sind. Um alle Tortillas heiß servieren zu können, packen Sie sie portionsweise in Alufolie und halten sie im Backrohr heiß. Dabei genügt eine Wärmezufuhr von 125°C. Ihr Rohr ist ja durch das Schmoren des Huhns ohnehin noch heiß. Nützen Sie also die Speicherwärme.

Ist Ihnen die Zubereitung der Tortillas zu umständlich oder lieben Sie ihren Geschmack nicht, so können Sie selbstverständlich auch Reis zur geschmorten Poularde servieren.

Paprikahuhn

2 Portionen
1 bratfertiges Huhn · Pfeffer · 1 Messerspitze Thymian
1 Knoblauchzehe · 1 EL Paprikapulver, edelsüß

Reiben Sie das bratfertige Hühnchen innen und außen mit sehr wenig Pfeffer und einer Messerspitze voll Thymian ein. Zerdrükken Sie die Knoblauchzehe über dem Hühnchen, und verreiben Sie den Saft rundum gleichmäßig. Dann legen Sie das Hühnchen in den (gewässerten) *Römertopf*, in dem Sie es mit einer dicken Schicht Paprikapulver überstreuen.
Sobald das Paprikahuhn fertig ist, servieren Sie es mit Pommes frites und einem würzigen Tomatensalat.

☰ 90 Min./250°C

≈ 10 Min./600 W +
15 Min./300 W + 5 Min. Stehzeit

Gefülltes Brathähnchen

2 Portionen
125 g Champignons · 2 EL Butter · 1 EL Sahne
1 EL Madeira · 1 TL geriebene Zwiebeln
125 g durchgedrehte Hühnerleber · Salz, Pfeffer
1 Messerspitze Majoran · 2–3 EL Semmelbrösel
1 Brathähnchen, ca. 1000 g

Zunächst bereiten Sie die Füllung zu:
Putzen Sie die Champignons und schneiden sie feinblättrig. Rühren Sie in einer Schüssel die Butter mit Sahne und Madeira schaumig. Geben Sie die Zwiebeln und die Leber dazu und schmecken Sie mit Salz, frisch gemahlenem Pfeffer und Majoran ab. Nun arbeiten Sie die Champignons unter und so viel Semmelbrösel, bis Sie die Masse eben formen können. Sie darf nicht zu fest sein.
Nun reiben Sie das Hähnchen innen mit Salz ein und füllen es mit der zubereiteten Masse. Nachdem Sie es auch auf der Außenseite gesalzen haben, legen Sie das gefüllte Brathähnchen mit der Brustseite nach oben in die (gewässerte) Tonform. Schließen Sie den Deckel, und stellen Sie die Form ins Rohr.
Reichen Sie dazu Kartoffelkroketten und Fenchelgemüse.

80 Min./220°C

10 Min./600 W +
30 Min./300 W + 5 Min. Stehzeit

Poularde mit Oliven

1 große Zwiebel · 1–2 EL Olivenöl
1 Poularde von 1400 g · Salz · 1 Tasse grüne Oliven
1 Tasse Weißwein · 1 EL Tomatenmark
etwas Mehl · ⅛ l Sahne

Die Zwiebel schneiden Sie in Ringe, erhitzen das Öl in einer Pfanne und dünsten darin die Zwiebelringe glasig. Dann nehmen Sie sie aus dem Fett und legen damit den Boden einer gewässerten Tonform aus. Salzen Sie die Poularde innen und außen und legen Sie sie auf die Zwiebeln in der Form. Nun entkernen Sie die Oliven, hacken sie in grobe Stücke, umlegen damit die Poularde und gießen den Weißwein zu.

Sobald sie gar ist, legen Sie die Poularde samt den gehackten Oliven und den Zwiebelringen auf eine vorgewärmte Platte. Die Flüssigkeit gießen Sie in einen Topf und stellen ihn aufs Feuer, verrühren das Tomatenmark darin und dicken sie mit dem Mehl an, das Sie zuvor in der Sahne glattgerührt haben.

Zu der Poularde reichen Sie körnig gekochten Reis und einen erfrischenden Salat, gemischt aus Paprikaschoten, Tomaten und Gurken.

▭ 95 Min./250 °C

Huhn in Burgunder

2—3 Portionen
1 großes Brathuhn · Salz · 1 Zwiebel
3 Gewürznelken · 1 Flasche roter Burgunder
½ TL Thymian · 1 EL Mehl · Pfeffer

Vierteln Sie das Huhn, und reiben Sie die Teile gut mit Salz ein. Anschließend legen Sie sie in die (gewässerte) Tonform, geben die mit Gewürznelken gespickte Zwiebel dazu und gießen so viel Burgunder auf, daß das Fleisch knapp bedeckt ist. Nun streuen Sie den Thymian ein und schließen die Form.
Sobald das Fleisch gar ist, gießen Sie die Flüssigkeit in einen Topf um, entfernen die Zwiebel mit den Gewürznelken und stellen die Form mit den Fleischstücken warm. Dann erhitzen Sie die Kochflüssigkeit und binden sie mit Mehl, das Sie in Wasser glattgerührt haben, zur Sauce, die Sie mit Salz und Pfeffer abschmecken. Anschließend gießen Sie die Sauce über die Geflügelteile.
Das Huhn in Burgunder wird im Tontopf serviert. Dazu reichen Sie in Butter gedünstete Champignons und körnig gekochten Reis.

90 Min./250°C

15 Min./600 W +
30 Min./300 W + 5 Min. Stehzeit

Ingwerhähnchen

2 Portionen
1 Hähnchen, ca. 1000 g · Salz
1 gestrichener TL Ingwerpulver · 2—3 EL Öl

Reiben Sie das bratfertig vorbereitete Hähnchen innen und außen mit Salz ein. Verrühren Sie das Ingwerpulver im Öl, und bepinseln Sie damit das Hähnchen. Dann legen Sie es in den (gewässerten) Tontopf, schließen den Deckel und stellen die Form in den Ofen.
Reichen Sie als Beilage Reis und gegrillte Tomaten.
Rechnen Sie pro Person ein halbes Hähnchen. In einer entsprechend großen Tonform können Sie natürlich auch zwei Hähnchen nebeneinander zubereiten. In diesem Fall verdoppeln Sie selbstverständlich auch die Gewürzmenge. Die Garzeit beträgt dann etwa 10 Minuten mehr.

☰ 90 Min./220°C

≋ 10 Min./600 W +
15 Min./300 W + 5 Min. Stehzeit

Indonesischer Hühnertopf

1 Poularde (1500 g) · 1 Zwiebel
300 g Stangensellerie · 1 Dose Sojabohnenkeime
1 kleine Packung Tiefkühlerbsen · 2 Tassen Reis
1½–2 l Salzwasser · ½ TL Knoblauchpulver
1 TL Ingwerpulver · ½ TL weißer Pfeffer
1 Prise Zucker · 2 Tassen Sherry

Waschen Sie die Poularde innen und außen unter fließendem kalten Wasser. Anschließend legen Sie sie in den gewässerten Tontopf. Schälen Sie die Zwiebel, und hacken Sie sie in feine Würfel. Putzen Sie den Stangensellerie, und schneiden Sie ihn in ein Zentimeter lange Stücke. Lassen Sie die Sojabohnenkeime auf einem Sieb abtropfen. Waschen Sie den Reis. Er muß ebenfalls abtropfen. Nun umlegen Sie die Poularde mit Zwiebelwürfeln, Selleriestükken, Sojabohnenkeimen, Erbsen und Reis.
Rühren Sie Knoblauch- und Ingwerpulver, weißen Pfeffer, eine Prise Zucker und eine Tasse Sherry in das Salzwasser ein. Gießen Sie so viel Flüssigkeit in den *Römertopf*, daß das Huhn eben bedeckt ist.
Nach der Garzeit werden Haut und Knochen entfernt. Schneiden Sie das Fleisch in mundgerechte Stücke, und legen Sie dies in die Form zurück. Rühren Sie nun die zweite Tasse Sherry ein. Schmecken Sie den Indonesischen Hühnertopf mit Salz und weißem Pfeffer nach Belieben ab, bevor Sie ihn servieren.

 100 Min./220°C

Gefüllte Ente mit Leberfarce

1 Ente, ca. 2000 g schwer
Für die Füllung:
250 g Kalbs- oder Schweineleber · 1 mittelgroße Zwiebel
1 kleiner saurer Apfel · 1 Ei · ½ TL Majoran
1 Messerspitze Muskatblüte · Salz, Pfeffer
2–3 EL Semmelbrösel
Für die Sauce:
1 gestrichener TL scharfer Kräutersenf
Saft einer halben Zitrone · 1 Prise Zucker · ¼ l Sahne

Nur wenige kennen — meist durch mündliche Überlieferung — heute noch die köstlichen Rezepte der alten holsteinischen Küche »aus Kaisers Zeiten«. Eines dieser Rezepte, die Ente mit Leberfarce, läßt sich vorzüglich im *Römertopf* zubereiten.

Bereiten Sie dafür zunächst die Farce, die Füllung, vor! Schneiden Sie die Leber in kleine Würfel, die Sie anschließend mit dem Wiegemesser grob wiegen. Nicht durch den Fleischwolf drehen oder im Mixer zerkleinern, die Lebermasse wird sonst zu fein. Nun schälen Sie die Zwiebel, und hacken Sie sie sehr fein. Schälen Sie auch den Apfel, entfernen Sie das Kerngehäuse und schneiden das Fruchtfleisch in dünne Scheibchen, die Sie ebenfalls fein hakken. In einer Schüssel mischen Sie Leber, Zwiebel und Apfel gut, geben Sie das Ei zu, würzen mit Majoran, Muskatblüte, Salz und frisch gemahlenem Pfeffer. Danach kneten Sie so viel Semmelbrösel unter, daß eine formbare Masse entsteht.

Jetzt reiben Sie die Ente innen und außen mit Salz und Pfeffer ein, füllen die Lebermasse hinein und nähen die Öffnung zu. Legen Sie die Ente mit der Naht nach oben in den gewässerten *Römertopf*, und schließen Sie den Deckel.

Das Fett und der Bratensaft aus der Form werden nach der Garzeit in einen kleinen, hohen Topf gefüllt und erhitzt. Setzen Sie ihm unter ständigem Umrühren mit einem Schneebesen einen gestrichenen Teelöffel scharfen Kräutersenf, den Saft einer halben Zitrone, eine Prise Zucker und die Sahne zu. Schmecken Sie mit wenig Salz, einem Stäubchen Pfeffer ab, und lassen Sie die Sauce — nach wie vor unter ständigem Rühren — einmal kurz aufwallen. Sie darf auf keinen Fall kochen!

Diese Sauce — die niemals lange stehen sollte — reichen Sie zur Ente, die Sie mit Rot- oder Rosenkohl und Salzkartoffeln servieren.

 120 Min./220°C

Zigeunerente

1 junge Ente · Salz · Paprikapulver, edelsüß
1 Sträußchen Petersilie · 4 grüne Paprikaschoten
4 Tomaten

Die bratfertig vorbereitete Ente reiben Sie innen und außen mit Salz und reichlich Paprikapulver ein. Das Petersiliensträußchen stecken Sie in die Ente und legen sie dann in die gut gewässerte Tonform.

Nun schneiden Sie von den Paprikaschoten oben einen Deckel ab, entfernen die Kerne aus dem Inneren und reiben sie innen mit etwas Salz ein. Füllen Sie jede Schote mit einer ganzen Tomate. Anschließend kommt der Deckel wieder auf die jeweilige Schote. Die vier Schoten setzen Sie in die vier Ecken der Form, die Sie dann schließen.

Reichen Sie Safranreis und Steinpilze zur Zigeunerente.

 120 Min./220°C

Orangenente

1 junge, bratfertige Ente · Salz, Pfeffer · 4 Orangen
2 EL Gin · 1 Glas Weißwein
1 EL Mehl oder Stärkemehl · ⅛ l Sahne

Reiben Sie die Ente innen und außen mit Salz und Pfeffer ein. Schälen Sie die Orangen. Entfernen Sie sorgfältig die weiße Haut, sie schmeckt bitter und würde das Gericht verderben. Zwei der Orangen teilen Sie in Schnitze und füllen damit die Ente. Dann legen Sie sie in den gut gewässerten *Römertopf*. Schneiden Sie die verbliebenen zwei Orangen in Scheiben, die Sie auf die Ente legen. Träufeln Sie den Gin darüber, und gießen Sie den Weißwein zu. Schließen Sie die Form.

Sobald die Ente gar ist, schneiden Sie sie in Portionsstücke, legen sie auf eine vorgewärmte Platte und umlegen sie mit den Orangenscheiben. Die Flüssigkeit füllen Sie in einen Topf um. Rühren Sie Mehl oder Stärkemehl in Sahne glatt und binden damit die Sauce, die Sie getrennt zur Ente reichen. Dazu servieren Sie körnig gekochten Reis.

⊟ 110 Min./220°C

Normannische Ente

1 Ente, ca. 2000 g schwer · Salz, Pfeffer
5–6 säuerliche Äpfel · ¾ Tasse gehackte Walnüsse
¼ Tasse Calvados · 3 Tassen Apfelwein
1 gehäufter EL Mehl · 1 Prise Zucker · 1 Tasse Sahne

Reiben Sie die bratfertig zugerichtete Ente innen und außen mit Salz und frisch gemahlenem Pfeffer ein. Sie waschen die Äpfel, schälen Sie jedoch nicht, trocknen sie gut ab und entfernen mit einem Apfelausstecher das Kerngehäuse.

Nun legen Sie die Ente in die gewässerte Tonform und umlegen sie mit den Äpfeln. Dort, wo vorher das Kerngehäuse war, füllen Sie jeweils einen Teelöffel gehackte Walnüsse ein und gießen einen Eßlöffel Calvados darüber. Geben Sie vorsichtig den Apfelwein dazu, und schließen Sie die Form.

Zerlegen Sie die fertig gegarte Ente in Portionsteile, die Sie auf einer vorgewärmten Platte anrichten und mit den Äpfeln dekorieren. Dann füllen Sie den Sud in einen Topf. Rühren Sie das Mehl in kaltem Wasser glatt, und binden Sie damit die Flüssigkeit zur Sauce. Schmecken Sie mit Salz, Pfeffer und einer Prise Zucker ab. Zuletzt schlagen Sie die Sahne halbsteif. Setzen Sie jeweils einen Tupfer auf die Äpfel, den Rest lassen Sie in der Sauce zergehen. Reichen Sie zur Normannischen Ente französisches Weißbrot und Apfelwein.

115 Min./220 °C

Gefüllte Ente auf Weißkohl

4–5 Portionen
8 getrocknete Pflaumen
8 Scheiben durchwachsener Räucherspeck
Salz, Pfeffer · 1 Ente, ca. 2000 g schwer
1 Kopf Weißkohl, 1000 g schwer · 1 Tasse Weißwein

Es muß nicht immer Rotkohl sein. Auch Weißkohl schmeckt ausgezeichnet zur Ente. Ein Versuch wird Sie überzeugen. Kaufen Sie nach Möglichkeit kalifornische Kurpflaumen. Sie sind größer und bereits entsteint. Umwickeln Sie jede Pflaume mit einer Scheibe Räucherspeck.

Salzen Sie die bratfertig vorgerichtete Ente nur ganz wenig von innen, und füllen Sie sie mit den umwickelten Pflaumen.

Dann hacken Sie den Weißkohl in grobe Stücke, entfernen dabei den Strunk und waschen den Kohl anschließend in kaltem Wasser. Gut abgetropft, füllen Sie den Kohl in die Tonform. Bestreuen Sie ihn leicht mit Salz und wenig Pfeffer, und gießen Sie den Weißwein zu. Jetzt legen Sie die Ente darauf und schließen die Form.

Zur gefüllten Ente auf Weißkohl reichen Sie Salzkartoffeln oder Kartoffelknödel.

120 Min./220 °C

Ente »Florida«

1 bratfertige Ente · Salz · 3 EL Gin
1 kleine Dose Ananas in Stücken · 1 Knoblauchzehe
2 Orangen · etwas Stärkemehl, in ⅛ l Sahne glattgerührt

Reiben Sie die bratfertige Ente innen und außen mit Salz ein. Träufeln Sie einen Eßlöffel Gin möglichst gleichmäßig verteilt in das Innere der Ente, die Sie anschließend mit den gut abgetropften Ananasstücken füllen. Nun legen Sie die Ente in die gewässerte Tonform, zerdrücken die Knoblauchzehe darüber und reiben die Ente mit dem Saft ein. Schälen Sie die beiden Orangen, die Sie jedoch nicht in Schnitze zerteilen, sondern quer in je vier dicke Scheiben schneiden. Mit diesen Orangenrädern decken Sie die Ente ab und träufeln den restlichen Gin darüber.
Nach der Garzeit legen Sie die Ente auf eine vorgewärmte Platte, auf der sie zerteilt wird. Die Sauce gießen Sie in einen kleinen Topf, erhitzen sie und binden sie mit dem in Sahne glattgerührten Stärkemehl unter ständigem Rühren. Vorsicht, die Sauce neigt dazu, schaumig aufzuwallen, sie soll es sogar, um gut zu binden. Wählen Sie deshalb einen relativ hohen Topf. Zu der Ente »Florida« reichen Sie Rosinenreis, den Sie zuvor mit frisch gerösteten Salzmandeln überstreuen.

◲ 110 Min./220 °C

Traubenente mit Walnußsauce

4–6 Portionen
1 Ente (ca. 1800 g) · Salz, Pfeffer
1 Messerspitze Ingwerpulver
je 1 Tasse weiße und blaue Weintraubenbeeren, möglichst ohne Kerne
FÜR DIE SAUCE:
1 große Zwiebel · 1 eigroßes Stück Butter oder Margarine
1 EL Mehl · ¼ l Geflügelbrühe (Würfel)
1 EL Zitronensaft
je 1 Messerspitze Knoblauchpulver, Zimt, Nelken und Cayennepfeffer
Salz · 2 EL Orangensaft · 1 Tasse geriebene Walnußkerne
2 EL gehackte Walnüsse

Reiben Sie die Ente innen und außen mit Salz und wenig Pfeffer ein, innen zusätzlich mit Ingwerpulver. Vermischen Sie die Weintrauben und füllen Sie die Hälfte davon in die Ente. Nun legen Sie die Ente in den gut gewässerten *Römertopf*, umlegen sie mit den restlichen Weintrauben und schließen die Form.

20 Minuten vor Ablauf der Garzeit beginnen Sie mit der Zubereitung der Walnußsauce. Dazu schälen Sie die Zwiebel und hacken sie in sehr feine Würfel. Erhitzen Sie Butter oder Margarine in einem Topf, und braten Sie darin die Zwiebelwürfel glasig. Stäuben Sie Mehl darüber und rösten es goldgelb. Nun löschen Sie mit der Geflügelbrühe ab und lassen alles fünf Minuten gut durchkochen. Rühren Sie dabei ständig um, damit sich keine Klümpchen bilden. Dann geben Sie Zitronensaft und die Gewürze dazu und schmecken mit Salz und Orangensaft ab. Zuletzt ziehen Sie die geriebenen Walnüsse unter. Inzwischen ist die Ente gar. Sie teilen

Fasan in Weinlaub (Rezept Seite 181)

sie in Portionsstücke, richten sie auf einer vorgewärmten Platte an und umlegen sie mit den Traubenbeeren. Reichen Sie die Walnußsauce getrennt zur Ente. Bestreuen Sie sie vor dem Servieren mit den gehackten Walnüssen.
Dazu paßt ausschließlich Reis. Andere Beilagen würden die Harmonie dieses Gerichtes zerstören.

120 Min./220°C

Badische Ente

1 junge Ente · Salz, Pfeffer · 175 g Champignons
100 g durchwachsener Räucherspeck am Stück
1½ Tassen herber Weißwein

Die bratfertig vorgerichtete Ente reiben Sie innen und außen mit Salz und Pfeffer ein und legen sie in den gut gewässerten Tontopf. Die geputzten Champignons schneiden Sie feinblättrig, den Speck in kleine Würfel. Damit umlegen Sie die Ente. Zum Schluß gießen Sie den Weißwein dazu und schließen die Form.
Die fertige Ente heben Sie auf eine vorgewärmte Platte und füllen die Sauce samt Champignons und Speckwürfeln in eine Sauciere. Die Badische Ente servieren Sie mit Salzkartoffeln.

100 Min./220°C

Ente »Mr. Peanut«

FÜR DIE FÜLLUNG:
Leber und Herz der Ente · 1 mittelgroße Zwiebel
2 Knoblauchzehen · 200 g gesalzene Erdnüsse
100 g Kürbis in Stücken, süßsauer eingelegt
Pfeffer · 1 Messerspitze Muskatnuß
1 Orange
1 Ente · Salz · 2 EL Paprikapulver, edelsüß
1 TL Currypulver · 1 große Zwiebel
etwas Mehl, in Wasser glattgerührt

Zuerst stellen Sie die Füllung her: Dazu pürieren Sie in der Küchenmaschine (Mixer) Herz und Leber der Ente zusammen mit der Zwiebel und den Knoblauchzehen. Diese Masse wird in eine Schüssel gefüllt und mit den Erdnüssen und den kleingehackten Kürbisstücken vermischt. Dann schmecken Sie mit Pfeffer und Muskatnuß ab.

Nun schälen Sie die Orange sehr sorgfältig, damit auch die bittere weiße Haut entfernt wird, und schneiden sie quer in Scheiben. Die beiden Endstücke lassen Sie etwas dicker — sie dienen Ihnen als »Füllungsverschlüsse«. Nun reiben Sie die bratfertige Ente von außen kräftig mit Salz ein, schieben eines der Orangenenden tief in das Innere der Ente, füllen diese und setzen das andere Orangenende als Verschluß obenauf. Dann legen Sie die Ente in die gut gewässerte Tonform und bestreuen sie so dick mit Paprikapulver, daß sie ganz rot ist. Anschließend stäuben Sie Currypulver darüber. Die große Zwiebel schneiden Sie in Scheiben. Damit und mit den Orangenscheiben decken Sie die Ente gleichmäßig ab, schließen die Form und stellen sie in den Ofen.

Die Sauce füllen Sie nach der Garzeit in einen kleinen Topf, erhitzen sie nochmals und binden sie mit dem in Wasser glattgerührten Mehl. Die einzige erforderliche Beilage sind Salzkartoffeln. Sie können aber auch Kartoffelknödel dazu reichen.

◫ 105 Min./250°C

Gefüllte Gans

Für die Füllung:
150 g kalifornische Backpflaumen ohne Stein
1–2 säuerliche Äpfel · 1 TL Zitronensaft
2–3 EL Semmelbrösel
1 junge Hafermastgans · Salz

Weichen Sie die Backpflaumen am Vorabend in Wasser ein. Am nächsten Tag lassen Sie sie auf einem Sieb gut abtropfen. Verwenden Sie Pflaumen mit Stein, so müssen Sie diese jetzt entfernen. Dann schälen Sie die Äpfel, entkernen sie und schneiden sie in Würfel. Sie werden mit den Pflaumen vermischt und alles mit etwas Zitronensaft beträufelt. Jetzt arbeiten Sie noch die Semmelbrösel ein und füllen diese Masse in die bratfertig vorgerichtete Gans. Nun reiben Sie die Gans kräftig mit Salz ein und legen sie in eine gewässerte Tonform.
Die gefüllte Gans wird mit Salzkartoffeln serviert.

◫ 170 Min./220°C

Gans auf Rotkohl

750 g Rotkohl · ¼ l lieblicher Weißwein
1 kleines Lorbeerblatt · 1 junge Hafermastgans · Salz, Pfeffer

Hobeln Sie den Rotkohl, und füllen Sie ihn in eine gewässerte Tonform. Gießen Sie den Wein darüber, und geben Sie das Lorbeerblatt dazu. Dann reiben Sie die Gans innen und außen mit Salz und Pfeffer ein, legen Sie auf den Kohl und schließen die Form. Servieren Sie zur Gans auf Rotkohl Salzkartoffeln oder Kartoffelknödel.
Am günstigsten ist es, wenn Sie stets junge Hafermastgänse für die Tonform verwenden. Diese Gänse sind ausgesprochene Fleischgänse und haben kaum Fett. Andere Gänse müssen Sie nach wie vor auf dem Rost braten, damit das Fett abtropfen kann. Im Tontopf würden sie tief in ihrem Fett liegen, was den Geschmack beeinträchtigt.

▭ 150 Min./220°C

Gänsebraten

1 junge Hafermastgans · Salz · Majoran

Die bratfertig vorbereitete Gans reiben Sie innen und außen mit Salz, innen zusätzlich mit Majoran ein. Statt Majoran können Sie auch Beifuß verwenden.
Legen Sie die Gans in eine gut gewässerte Tonform und schließen Sie den Deckel. Zum Gänsebraten servieren sie Kartoffelknödel und Sauerkraut, Rotkohl oder Grünkohl.

▭ 150 Min./220°C

Putenherzen in grüner Sauce

750 g Putenherzen · 2 Möhren · 1 Stange Lauch
¼ Sellerieknolle · 1 Zwiebel · 1 Knoblauchzehe
¾–1 l Fleisch- oder Würfelbrühe
1 Lorbeerblatt · 6 Pfefferkörner · 1 gehäufter EL Mehl
Salz, Pfeffer · ½ Tasse Sahne
1 Tasse kleingeschnittene frische Kräuter, z. B. Dill, Kerbel, Estragon, Petersilie, Schnittlauch

Teilen Sie die Putenherzen der Länge nach. Schneiden Sie den Fettansatz und die Röhren weg, und entfernen Sie die Blutreste. Putzen Sie das Gemüse. Schneiden Sie die Möhren und den Lauch in Scheibchen, den Sellerie in Stifte. Dann schälen Sie die Zwiebel und hacken sie in kleine Würfel. Vermischen Sie die genannten Zutaten, und füllen Sie sie in die gewässerte Tonform. Drücken Sie die Knoblauchzehe durch die Knoblauchpresse, und verrühren Sie den Saft in der Brühe. Gießen Sie so viel davon in die Tonform, daß der Inhalt eben bedeckt ist. Geben Sie Lorbeerblatt und Pfefferkörner zu, und schließen Sie die Form.

Nach Ablauf der Garzeit gießen Sie den Inhalt des Tontopfes durch ein Sieb in eine Kasserolle. Gemüse und Herzen füllen Sie in eine vorgewärmte Terrine. Dann bringen Sie die Flüssigkeit zum Kochen. Binden Sie sie mit in kaltem Wasser angerührtem Mehl. Schmecken Sie mit Salz und frisch gemahlenem Pfeffer ab, und verfeinern Sie mit Sahne. Dann ziehen Sie den Topf vom Herd und rühren die Kräuter unter. Gießen Sie die fertige Sauce über den Inhalt der Terrine. Dazu reichen Sie Salzkartoffeln und Butterbohnen.

⊟ 60 Min./220°C

Putenherzen in Burgunder

750 g Putenherzen · ¼ l roter Burgunder
¼ l Fleisch- oder Würfelbrühe · 1 Knoblauchzehe
1 EL Mehl · Salz, Pfeffer · 1 Prise Zucker · 1 EL Butter

Säubern Sie die Putenherzen, wie im Rezept »Putenherzen in grüner Sauce« beschrieben. Legen Sie sie in die gewässerte Tonform. Vermischen Sie Rotwein und Brühe, und pressen Sie die Knoblauchzehe darüber aus. Gießen Sie die Flüssigkeit in den gewässerten Tontopf, und schließen Sie die Form.
Gießen Sie nach der Garzeit den Inhalt der Form durch ein Sieb in einen Topf. Füllen Sie die Putenherzen in eine vorgewärmte Terrine. Dann rühren Sie das Mehl in kaltem Wasser an und binden damit die Flüssigkeit zur Sauce. Schmecken Sie mit Salz, Pfeffer und einer Prise Zucker ab. Gießen Sie die Sauce über die Putenherzen, und lassen Sie zur Geschmacksverfeinerung die Butter darin zergehen. Zu Putenherzen in Burgunder reichen Sie Salzkartoffeln oder körnig gekochten Reis und gemischten Salat.

◰ 75 Min./220°C

Gefüllte Putenbrust

5—6 Portionen
1000 g Putenbrust am Stück · 75 g Champignons
1 Ei · 1 TL Zitronensaft · 2 EL Semmelbrösel
1 EL geriebene Mandeln · Salz, weißer Pfeffer · 2 Orangen
1—2 EL Cognac

Schneiden Sie das Fleisch der Putenbrust so ein, daß eine Tasche entsteht. Putzen Sie die Champignons, und schneiden Sie sie in feine Blättchen. Rühren Sie das Ei schaumig, geben Sie Zitronensaft, Semmelbrösel, geriebene Mandeln und die Champignons zu. Vermischen Sie alles gut miteinander.

Nun reiben Sie die Innenseite der Putenbrust mit Salz und weißem Pfeffer ein. Dann füllen Sie sie mit der Champignonmasse. Schließen Sie die Öffnung mit einem Zahnstocher oder Grillspießchen. Nun reiben Sie das Fleisch außen mit Salz und weißem Pfeffer ein und legen es in die (gut gewässerte) Tonform.

Schälen Sie die Orangen, und entfernen Sie die weiße Haut sorgfältig, sie würde bitter schmecken. Schneiden Sie die Früchte quer durch in Scheiben und bedecken Sie damit das Fleisch. Beträufeln Sie sie mit Cognac. Das nimmt ihnen die Süße, ohne den fruchtigen Geschmack zu zerstören.

Reichen Sie zur gefüllten Putenbrust körnig gekochten Reis und grünen Salat, mit Sahne angemacht.

▤ 75 Min./220°C

▦ 10 Min./600 W +
25 Min./300 W + 5 Min. Stehzeit

Putenbrust auf englische Art

---
1 Putenbrust · 75 g geräucherter Speck am Stück
Salz, Pfeffer · Beifuß · 20 Backpflaumen
20 Scheibchen durchwachsener Räucherspeck

Sie spicken die Putenbrust mit dem Speck, den Sie in Streifen geschnitten haben. Anschließend reiben Sie das Fleisch mit Salz, Pfeffer und Beifuß ein. Legen Sie dann die Putenbrust in den (gewässerten) Tontopf.

Die am Vortag eingeweichten Backpflaumen kochen Sie im Einweichwasser kurz auf und lassen sie gut abtropfen. Dann entsteinen Sie die Pflaumen und umwickeln jede mit einer Scheibe Räucherspeck.

Zum Schluß stellen Sie die Röllchen rund um die Putenbrust aufrecht in den Topf und gießen eine Tasse Pflaumenwasser zu. Nun schließen Sie die Form und lassen das Fleisch schmoren. Als Beilage reichen Sie Kastanienpüree dazu. Man kauft es am besten in der Dose.

▭ 60 Min./220°C

▩ 20 Min./600 W + 5 Min. Stehzeit

Putenkeulen auf Sauerkraut

1 Dose Sauerkraut (ca. 800 g)
1½ Tassen kernlose Weintraubenbeeren · 1 Lorbeerblatt
1½ Tassen Moselwein · 2 Putenkeulen
Salz, Pfeffer · ⅛ l Sahne · 1 TL Stärkemehl
1 EL Paprikapulver, edelsüß

Vermischen Sie das Sauerkraut mit den Weinbeeren, und füllen Sie es anschließend in den gewässerten *Römertopf*. Legen Sie das Lorbeerblatt dazu, und gießen Sie den Weißwein darüber.
Reiben Sie die Putenkeulen mit Salz und frisch gemahlenem Pfeffer ein, und legen Sie sie auf das Sauerkraut.
Nach Ablauf der Garzeit legen Sie das Kraut und die Keulen auf eine vorgewärmte Platte. Die in der Form verbliebene Flüssigkeit füllen Sie in einen Topf um. Rühren Sie das Stärkemehl in der Sahne glatt, und binden Sie damit die Sauce. Würzen Sie sie mit Paprikapulver, und schmecken Sie mit Salz und Pfeffer ab. Gießen Sie die Sauce über das Fleisch. Servieren Sie zu Putenkeulen auf Sauerkraut Kartoffelpüree.

90 Min./220°C

Wild

Hasenbraten

---
1 Hase, ca. 2000 g schwer · Salz · 50 g Butter
125 g geräucherter Speck in Scheiben · ⅛ l Sauerrahm

Häuten Sie den abgezogenen Hasen gut ab, und entfernen Sie Vorderläufe, Hals und Bauchlappen. Beim Häuten fängt man generell an den Läufen an und arbeitet zum Kopf hin. In diesem Fall ohne Läufe von hinten nach vorn. Reiben Sie ihn innen und außen mit Salz ein. Dann lassen Sie die Butter weich werden; sie soll gut streichfähig sein, aber nicht fließen. Bepinseln Sie damit den Hasen rundum.

Nun legen sie mit einem Drittel der Speckscheiben eine gewässerte Tonform aus. Darauf betten Sie den Hasen und decken ihn mit den restlichen Speckscheiben ab.

15 Minuten vor dem Ende der Garzeit wird der erwärmte Sauerrahm zugegossen. Servieren Sie den Hasenbraten mit Salzkartoffeln und Rosenkohl.

105 Min./220°C

Hasenkeulen

4 Hasenkeulen · Salz, Pfeffer
100 g Räucherspeck in Scheiben · 1 kleine gelbe Rübe
1 Lorbeerblatt · 3 Wacholderbeeren · 2 Tassen Wasser
etwas Mehl oder Stärkemehl
⅛ l Sauerrahm oder 1 Glas Madeira oder Rotwein

Zuerst die Keulen häuten (s. o.) und mit Salz und Pfeffer einreiben. Anschließend legen Sie sie in eine gewässerte Tonform, in der die Keulen mit den Speckscheiben bedeckt werden. Nun putzen Sie die gelbe Rübe und schneiden sie in Scheiben, die neben die Keulen in die Form gelegt werden. Dann geben Sie das Lorbeerblatt und die Wacholderbeeren zu, gießen eine Tasse Wasser an und schließen die Form.

Den Bratensaft gießen Sie nach dem Ende der Garzeit durch ein Sieb in einen Topf um und erhitzen ihn. Mit etwas Mehl oder Stärkemehl, das mit Wasser glattgerührt wurde, binden Sie ihn zur Sauce, schmecken mit Sauerrahm oder einem kräftigen Schuß Madeira oder Rotwein ab. Die Sauce sollte nicht mehr kochen, sobald Rahm oder Wein zugesetzt wurde.

Zu den Hasenkeulen gibt es Salzkartoffeln und Rosen- oder Grünkohl.

60 Min./220°C

Hasenrücken mit Champignonsauce

(Foto Seite 131)

---
1 Hasenrücken · Salz, Pfeffer · 125 g Champignons
2 EL Butter · ⅛ l Sahne
⅛ l Weißwein · etwas Mehl oder Stärkemehl

Salzen und pfeffern Sie den Hasenrücken, und legen Sie ihn in eine (gewässerte) Tonform. Dann putzen Sie die Champignons, schneiden sie blättrig und umlegen damit den Hasenrücken. Lassen Sie die Butter weich werden, sie soll aber nicht flüssig sein. Damit bestreichen Sie das Fleisch und gießen die Sahne, die mit Weißwein vermischt wurde, daneben. Die Flüssigkeit gießen Sie nach Ende der Garzeit samt den Champignons in einen Topf um und dicken sie mit Mehl oder Stärkemehl ein, das sie in Wasser angerührt haben. Zuletzt schmecken Sie die Sauce mit Salz und Pfeffer ab.
Servieren Sie die Sauce getrennt zum Hasenrücken. Dazu schmecken Semmelknödel ebensogut wie körnig gekochter Reis oder auch Spätzle.

75 Min./220°C

10 Min./600 W +
20 Min./300 W + 5 Min. Stehzeit

Kanadischer Schmorhase

1 Hase · 3 mittelgroße Zwiebeln · 125 g Räucherspeck
½ l Fleisch- oder Würfelbrühe · knapp ¼ l Rotwein
abgeriebene Schale einer halben Zitrone
2 Messerspitzen Thymian · 6 Wacholderbeeren
1 Prise Zucker · Salz, Pfeffer · Mehl
⅛ l Sauerrahm · 3–4 Stengel Petersilie

Teilen Sie den gut enthäuteten Hasen in Portionsstücke. Schneiden Sie die Zwiebeln in Würfel und den Speck in dünne Scheiben. Vermischen Sie Fleisch- oder Würfelbrühe und Rotwein miteinander, und rühren Sie Zitronenschale und Thymian unter. In die gut gewässerte Tonform füllen Sie nun die Zwiebelwürfel und legen die Hasenteile darauf. Dann gießen Sie die Würzbrühe darüber, geben den Wacholder dazu und belegen die herausragenden Fleischstücke mit Speckscheiben.

Nach der Garzeit nehmen Sie das Fleisch und den Speck aus der Form und legen beides auf eine Platte, die Sie warm stellen. Gießen Sie die Flüssigkeit durch ein Sieb in eine Kasserolle. Werfen Sie die Zwiebeln nicht weg, sondern streichen Sie sie durch das Sieb. Lassen Sie den Sud kurz aufkochen, und schmecken Sie ihn mit etwas Zucker, Salz und Pfeffer ab. Wenn erwünscht, binden Sie die Flüssigkeit mit etwas Mehl, das Sie mit kaltem Wasser glattgerührt haben. Ziehen Sie die Kasserolle von der Platte und rühren Sie den Sauerrahm hinein. Vor dem Servieren mit gehackter Petersilie bestreuen.

Der Kanadische Schmorhase wird original mit körnig gekochtem Reis und »corn«, das ist Gemüsemais, serviert.

120 Min./220°C

Hasenpastete

1000 g Hasenfleisch · 1 eingeweichtes Brötchen

1 kleine Zwiebel · 2 Eier · 2 Messerspitzen Rosmarin

Salz, Pfeffer · 75 g roher Speck

200–250 g fetter Räucherspeck in Scheiben

Zunächst enthäuten Sie, falls nötig, das Hasenfleisch, drücken das eingeweichte Brötchen gut aus und schälen die Zwiebel. Dann drehen Sie zuerst das Fleisch und die Zwiebel, zuletzt das Brötchen durch den Wolf. Sie vermischen die Masse mit den Eiern, würzen mit Rosmarin und schmecken mit Salz und frisch gemahlenem Pfeffer ab. Nun schneiden Sie den fetten Speck in sehr kleine Würfel, die Sie sorgfältig unter die Masse kneten.
Legen Sie den Boden der (gewässerten) Tonform mit einem Teil der Speckscheiben aus. Formen Sie die Fleischmasse in Art eines Brotes, und legen Sie sie auf die Speckscheiben. Dann decken Sie die verbliebenen Scheiben darüber und schließen die Form.
Hasenpastete können Sie heiß oder kalt servieren. Dazu passen französisches Weißbrot, Pilzsalat und natürlich Rotwein.

▤ 90 Min./250°C

▧ 45 Min./350 W + 10 Min. Stehzeit

Rehbraten

1000 g Fleisch von Rehkeule oder -rücken

3 Wacholderbeeren · Salz, Pfeffer

6 Scheiben durchwachsener Räucherspeck

Enthäuten Sie das Fleischstück und reiben Sie es mit den fein zerstoßenen Wacholderbeeren ein. Dann salzen und pfeffern Sie es

und legen es in die (gewässerte) Tonform. Mit den Speckscheiben bedeckt in der geschlossenen Form garen.
Dazu reichen Sie Kartoffelknödel, Pfifferlinggemüse und Preiselbeerkompott.

▤ 100 Min./220°C

▤ 10 Min./600 W +
30 Min./300 W + 10 Min. Stehzeit

Rehrücken mit Kirschsauce

1000 g Rehrücken · 200 g geräucherter Speck in Scheiben
1 Tasse entsteinte Sauerkirschen
¼ l Sauerkirschsaft · Mehl · Salz, Pfeffer · Rosmarin

Nachdem Sie den Rehrücken gesalzen und gepfeffert haben, geben Sie ihn in eine gewässerte Tonform, die Sie mit der Hälfte der Speckscheiben ausgelegt haben. Mit den restlichen Scheiben dekken Sie das Fleisch ab. Dann legen Sie die Sauerkirschen als Kranz rund um den Rehrücken und gießen den Sauerkirschsaft zu.
Nach der Garzeit nehmen Sie das Fleisch samt den Speckscheiben aus der Form, und legen alles auf eine vorgewärmte Platte. Die Flüssigkeit gießen Sie durch ein Sieb in einen Topf, bringen sie auf der Herdplatte zum Kochen und binden sie mit Mehl, das in etwas Wasser angerührt wurde, zur Sauce. Schmecken Sie mit Salz, Pfeffer und etwas Rosmarin ab. Die im Sieb zurückgebliebenen Kirschen schütten Sie in die Sauce, die Sie getrennt zum Fleisch servieren.
Zu Rehrücken mit Kirschsauce reichen Sie hausgemachte Spätzle.

▤ 75 Min./220°C

Kabeljau mit Ingwer (Rezept Seite 208)

Rehziemer in Rotweinsauce

1000 g Rehziemer · Salz · 5 Wacholderbeeren

¼ l Rotwein · 8–10 Scheiben fetter geräucherter Speck

1 leicht gehäufter TL Mehl · 1 Prise Zucker

Enthäuten Sie — falls nötig — den Rehziemer. Dann reiben Sie ihn leicht mit Salz und den frisch zerdrückten Wacholderbeeren ein. Das so vorbereitete Fleischstück legen Sie in die gut gewässerte Tonform und gießen den Rotwein darüber. Anschließend decken Sie es mit den Speckscheiben ab.

Nach Ablauf der Garzeit heben Sie den Rehziemer aus der Form und legen ihn auf eine vorgewärmte Platte. Die Filets lösen Sie der Länge nach vom Knochen, schneiden Sie in etwa zwei Zentimeter dicke Scheiben und heben das geschnittene Fleisch auf den Knochen zurück. So können Sie den Ziemer als Ganzes servieren, und das sieht nun einmal viel besser aus. Bevor Sie ihn zu Tisch bringen, umlegen Sie ihn noch mit den Speckscheiben, die herrlich knusprig geworden sind.

Die Flüssigkeit in der Tonform gießen Sie in eine Kasserolle um und geben — falls die Menge ein wenig knapp geworden ist — noch einen Schuß Rotwein hinzu. Das lassen Sie jetzt kurz aufkochen, rühren das Mehl in etwas kaltem Wasser glatt und binden damit den Sud zur köstlichen Sauce, die Sie mit Salz und der Prise Zucker abschmecken.

Zu Rehziemer in Rotweinsauce passen Semmelknödel vorzüglich, doch natürlich können Sie auch körnig gekochten Reis reichen. Eines aber darf auf keinen Fall fehlen: Pfirsichhälften, die Sie mit Preiselbeerkompott gefüllt haben.

▭ 110 Min./250°C

Hirschkeule in Currysauce

1000 g Hirschkeule ohne Knochen

⅜ l herber Weißwein · ⅛ l Olivenöl · 1 Knoblauchzehe

Salz · 100 g Räucherspeck in Scheiben

Paprikapulver, edelsüß · 1–2 EL Currypulver

1 große Zwiebel · ⅛ l Sauerrahm · etwas Mehl

1 EL Johannisbeergelee

Die Zubereitung der Hirschkeule beginnt am Vorabend des Tages, an dem Sie sie servieren wollen: Wie so häufig bei Wild muß das Fleisch gebeizt werden. Dazu geben Sie den Weißwein und das Olivenöl in eine hohe Schüssel von geringem Durchmesser und verrühren beides ein wenig, so daß eine Emulsion entsteht. In diese legen Sie das Fleisch und lassen es über Nacht kühl ruhen.
Am nächsten Tag nehmen Sie das Hirschfleisch aus der Beize und lassen es abtropfen. Über dem Fleisch zerdrücken Sie die Knoblauchzehe und reiben es mit dem Saft rundum ein, salzen das Fleisch und legen es auf zwei Speckscheiben in die gewässerte Tonform. Nun bestäuben Sie es mit reichlich Paprikapulver und ein wenig Curry. Die Zwiebel schneiden Sie in dünne Scheiben und belegen damit das Fleisch. Zum Schluß decken Sie es rundum mit Speckscheiben ab und gießen 1½ Tassen der gut verquirlten Beizflüssigkeit dazu.
Sobald das Fleisch gut ist, nehmen Sie es aus der Form, schneiden es in Scheiben und richten diese — schuppenartig übereinandergelegt — auf einer tiefen Platte an, die Sie bis zum Servieren warm stellen. Die Schmorflüssigkeit aber füllen Sie in einen Topf um, den Sie auf die Herdplatte stellen, geben den Sauerrahm dazu und binden die Sauce mit dem Mehl, das Sie in Wasser angerührt haben. Nun rühren Sie das Johannisbeergelee unter, schmecken die Sauce mit reichlich Currypulver ab und gießen sie über die Fleischscheiben.

Die Hirschkeule in Currysauce servieren Sie mit Reis und gebackenen Bananen. Die geschmacklichen Gegensätze, die in diesem Gericht harmonisch zum Ausdruck kommen, machen es zu einem Leckerbissen für Feinschmecker.

▤ 120 Min./250°C

Hirschrouladen

Für die Füllung:
250 g Kalbsleber · 50 g Räucherspeck · 1 kleine Zwiebel
1 eingeweichtes, gut ausgedrücktes Brötchen · 1 Ei
je 2 Messerspitzen Ingwerpulver, Thymian und Currypulver
Salz, Pfeffer
4 große Hirschschnitzel · 1 Tasse Rotwein

Drehen Sie die Kalbsleber zusammen mit dem Speck, der Zwiebel und dem Brötchen durch den Fleischwolf. Geben Sie das Ei zu. Würzen Sie mit Ingwerpulver, Thymian und Currypulver, kneten Sie alles gut durch, und schmecken Sie es mit Salz und frisch gemahlenem Pfeffer ab.

Salzen Sie die Fleischscheiben auf der einen, der später äußeren Seite. Verteilen Sie die Füllmasse gleichmäßig auf die Innenseite der Hirschschnitzel, die Sie zu Rouladen rollen und mit Klammern oder Holzspießchen zusammenhalten. Legen Sie sie nebeneinander in eine gewässerte Tonform. Gießen Sie den Rotwein zu, und schließen Sie die Form.

Dazu schmecken Rotkohl und Salzkartoffeln oder Kartoffelkroketten.

▤ 90 Min./220°C

Grüne Hirschschulter

1000 g Hirschschulter ohne Knochen
Frische Kräuter: 1 EL Thymian, 1 EL Basilikum, *1 EL Dillspitzen, 1 EL Rosmarin*
Salz · 125 g Räucherspeck in Scheiben
¼ l Rotwein · 1 TL Mehl · Salz, Pfeffer · ½ Tasse Sahne

Entfernen Sie zunächst Sehnen und Hautteile von dem Schulterstück. Wiegen Sie die Kräuter sehr fein, und vermischen Sie sie gut miteinander.

Anschließend salzen Sie das Fleisch und bestreuen es rundum gleichmäßig mit den Kräutern. Legen Sie die Schulter in eine gewässerte Tonform. Dann decken Sie die Speckscheiben über das Fleisch und gießen den Rotwein vom Rand der Form her dazu. Seien Sie dabei bitte vorsichtig, sonst schwemmen Sie die Kräuter vom Fleisch.

Vor dem Servieren umlegen Sie den Braten mit den knusprigen Speckscheiben. Die Flüssigkeit aber gießen Sie in einen kleinen Topf, binden sie mit in kaltem Wasser angerührtem Mehl zur Sauce, die Sie mit Salz und Pfeffer abschmecken und mit Sahne verfeinern.

Reichen Sie hausgemachte Spätzle und Preiselbeerkompott dazu.

120 Min./250 °C

Hirschgeschnetzeltes

1000 g Hirschfleisch, von Haut und Sehnen befreit
Salz · 2 Messerspitzen Knoblauchpulver
1 Tasse entsteinte Sauerkirschen
6 Wacholderbeeren · 5 Nelken · 2 Tassen Rotwein
1 Tasse Sauerkirschsaft · 2 Äpfel
100 g durchwachsener Räucherspeck in Scheiben

Schneiden Sie das Fleisch in schmale Streifen, die Sie in den gewässerten *Römertopf* füllen. Salzen Sie und stäuben Sie das Knoblauchpulver darüber. Dann mischen Sie die Sauerkirschen unter und verteilen Wacholderbeeren und Nelken darüber. Vermischen Sie Rotwein und Sauerkirschsaft, und gießen Sie die Flüssigkeit dazu. Schälen und entkernen Sie die Äpfel. Anschließend schneiden Sie sie in Scheiben, die Sie in den Topf schichten. Zuletzt bedecken Sie das Ganze mit den Speckscheiben.

Servieren Sie Hirschgeschnetzeltes zu hausgemachten Spätzle oder körnig gekochtem Reis.

▤ 120 Min./220 °C

Wildschweinkeule in Rotwein

½ l Burgunder · 2 Zwiebeln · 1 Lorbeerblatt
je 1 Messerspitze Piment, Kardamom, Ingwerpulver und Salz
etwas Pfeffer · 1 TL zerriebene Wacholderbeeren
1 ungespritzte Zitrone
1000 g Wildschweinkeule ohne Knochen
2 EL Mehl · 1 Prise Zucker · 1 Tasse Sahne

Gießen Sie den Rotwein in eine hohe Schüssel. Hacken Sie die Zwiebeln in feine Würfel, und geben Sie sie zusammen mit dem Lorbeerblatt dazu. Rühren Sie Piment, Kardamom, Ingwerpulver, Salz, Pfeffer und die zerriebenen Wacholderbeeren unter. Reiben Sie die Schale der Zitrone dünn ab, und pressen Sie den Saft aus. Beides kommt ebenfalls in den Rotwein. Zum Schluß legen Sie das Fleisch hinein und lassen es über Nacht darin marinieren.

Am folgenden Tag legen Sie die Wildschweinkeule in die gewässerte Tonform und gießen ungefähr die Hälfte der Flüssigkeit zu.

Nach der Garzeit füllen Sie die Flüssigkeit in einen Topf und gießen so viel von der Marinade dazu, daß Sie einen halben Liter erhalten. Kurz aufgekocht, binden Sie sie mit dem in kaltem Wasser angerührten Mehl zur Sauce, die Sie mit Salz, Pfeffer und einer Prise Zucker abschmecken. Ziehen Sie den Topf vom Herd und verfeinern Sie die Sauce mit der Sahne.

Reichen Sie die Sauce getrennt zur Wildschweinkeule. Ungesüßtes Apfelmus, Preiselbeeren und Kartoffelknödel oder Spätzle vollenden dieses Gericht.

☰ 135 Min./250 °C

Wildschweinkeule

1000 g Wildschweinkeule · 1 l Buttermilch
1 Lorbeerblatt · 3 Gewürznelken · 3 Pfefferkörner
1 mittelgroße Zwiebel · Salz
3 Wacholderbeeren oder etwas Gin
150 g Räucherspeck in Scheiben · Mehl
einige Tropfen Zitronensaft oder 1 TL Kräutersenf

Legen Sie das Fleisch für ein bis zwei Tage in eine Marinade: Füllen Sie die Buttermilch in eine hohe Schüssel, und geben Sie Lorbeerblatt, Nelken und Pfefferkörner zu, ebenso die in Ringe geschnittene Zwiebel. Das Fleisch wenden Sie hin und wieder darin um.

Nachdem Sie die Keule aus der Buttermilch genommen haben, trocknen Sie sie ab und reiben sie mit Salz und den zerstoßenen Wacholderbeeren ein (haben Sie keine zur Hand, bepinseln Sie das Fleisch vor dem Salzen mit Gin). Nun legen Sie die gewässerte Tonform mit einem Teil der Speckscheiben aus, geben das Fleisch darauf und decken es dicht mit Speckscheiben ab. Zum Schluß gießen Sie noch eineinhalb Tassen von der durchgesiebten Buttermilch-Marinade dazu, schließen die Form und stellen sie in den Ofen.

Sobald das Fleisch gar ist, legen Sie es samt den Speckscheiben auf eine vorgewärmte Platte. Die Flüssigkeit füllen Sie aus der Tonform in einen Topf um, erhitzen sie und dicken sie mit etwas Mehl, das in Wasser oder kalter, frischer Buttermilch glattgerührt wurde, zu einer Sauce an. Diese schmecken Sie mit Salz und nach Belieben mit ein paar Tropfen Zitronensaft oder etwas Kräutersenf ab. Die Sauce wird getrennt zum Fleisch gereicht, zu dem Sie Salzkartoffeln oder Kartoffelbrei und Rotkohl servieren.

135 Min./250°C

Wildschweinkeule auf polnische Art

1000 g Wildschweinkeule · 1 l Buttermilch
Salz, Pfeffer · 2 mittelgroße Zwiebeln · 2 Tomaten
1 EL Zucker, vermischt mit 1 Messerspitze Zimt
1 Glas Rotwein · etwas Stärkemehl

Beizen Sie das Fleisch über Nacht in Buttermilch. Am nächsten Tag reiben Sie es — gut abgetropft — mit Salz und Pfeffer ein und legen es in eine gut gewässerte Tonform. Schneiden Sie die Zwiebeln in Scheiben, mit denen Sie die Keule abdecken. Die Tomaten, die Sie geviertelt haben, legen Sie um das Fleisch. Nun gießen Sie noch eine Tasse Buttermilch in die Form. Nach der Garzeit von zwei Stunden nehmen Sie die Form aus dem Ofen, lassen aber das Backrohr eingeschaltet. Nun schieben Sie die Zwiebeln vom Fleisch herunter und überstreuen es gleichmäßig mit Zimtzucker. Anschließend kommt die Form — jetzt ohne Deckel — in das Rohr zurück, damit das Fleisch in zehn bis zwölf Minuten überkrusten kann.

Sobald es fertig ist, legen Sie es auf eine vorgewärmte Platte. Die Flüssigkeit gießen Sie durch ein Sieb in einen Topf, geben ein Glas Rotwein zu und erhitzen die Mischung. Inzwischen verrühren Sie etwas Stärkemehl mit Wasser und dicken damit die Sauce an. Sie wird getrennt von der Wildschweinkeule serviert, zu der Sie Salzkartoffeln und Preiselbeerkompott reichen.

130 Min./250 °C

Gefüllte Rebhühner

(Foto Seite 132)

2 bratfertig vorbereitete Rebhühner
75–100 g durchwachsener Räucherspeck in Scheiben
FÜR DIE FÜLLUNG:
125 g Leber (Rinder- oder Putenleber)
1 Ei · 1 Knoblauchzehe · 1 Messerspitze Majoran
½ Tasse Semmelbrösel · Salz

Zunächst stellen Sie die Füllung her: Zerkleinern Sie die Leber in Ihrem Mixer, oder drehen Sie sie durch den Fleischwolf. Dann vermischen Sie sie mit Ei, zerdrücken die Knoblauchzehe darüber und schmecken mit Majoran und Salz ab. Arbeiten Sie so viel Semmelbrösel ein, daß eine weiche, aber formbare Masse entsteht. Damit füllen Sie die bratfertig vorgerichteten Rebhühner.

Nun legen Sie eine (gewässerte) Tonform mit etwa der Hälfte der Speckscheiben aus. Darauf kommen die Rebhühner, die Sie mit den restlichen Speckscheiben abdecken. Servieren Sie die Rebhühner mit in Butter geschwenkten Champignons und körnig gekochtem Reis.

90 Min./220°C

10 Min./600 W +
30 Min./300 W + 5 Min. Stehzeit

Rebhuhnragout

2 Rebhühner · 1 Bund Suppengrün
1 mittelgroße Zwiebel · 2 Gewürznelken · 1 Lorbeerblatt
Wasser, Salz · 50 g Räucherspeck am Stück
1 gehäufter EL Mehl · 1 Glas Rotwein
2 Wacholderbeeren · Pfeffer
1 kleine Dose Champignons · 2 EL Sauerrahm

Die kochfertig vorbereiteten Rebhühner legen Sie in die gewässerte Tonform. Dann putzen Sie das Suppengrün, schneiden es klein und geben es, zusammen mit der mit Gewürznelken gespickten Zwiebel und dem Lorbeerblatt, zu den Rebhühnern. Gießen Sie so viel leicht gesalzenes Wasser dazu, daß das Fleisch eben bedeckt ist.

Nach der Garzeit nehmen Sie die Rebhühner aus der Brühe, lösen die Knochen aus und schneiden das Fleisch klein. Nun würfeln Sie den Speck und braten ihn in einem Topf an. Dann geben Sie das Mehl dazu, lassen es leicht anbräunen und löschen mit Rotwein ab.

Gießen Sie so viel Rebhuhnbrühe zu, daß eine dicke Sauce entsteht. Die Sauce würzen Sie dann mit feingestoßenen Wacholderbeeren, etwas Pfeffer und lassen sie gut durchkochen. Nun geben Sie die abgetropften Pilze dazu, ziehen den Topf vom Herd und rühren den Sauerrahm unter. Zum Schluß legen Sie das Fleisch in die Sauce und lassen alles zusammen noch eine Viertelstunde ziehen, bevor Sie das Rebhuhnragout mit Reis servieren.

⊟ 75 Min./220°C

Gespickte Rebhühner auf Weinkraut

2 Rebhühner · 100 g dünne Speckscheiben
Salz · 1 Messerspitze Rosmarin
750 g Sauerkraut · 4 Wacholderbeeren
½ Tasse Ananasstücke · 1 Glas Weißwein

Spicken Sie die bratfertig vorgerichteten Rebhühner mit dem Speck, den Sie in Streifen geschnitten haben. Anschließend reiben Sie sie mit Salz ein, innen zusätzlich mit duftendem Rosmarin.
Dann zupfen Sie das Sauerkraut auseinander, mischen es mit Wacholderbeeren und Ananasstücken und füllen es in einen gewässerten *Römertopf*. Betten Sie die Rebhühner auf das Kraut, und gießen Sie ein Glas Weißwein dazu, bevor Sie die Form schließen. Servieren Sie die Rebhühner auf Weinkraut mit Kartoffelpüree, dem Sie ein großes Stück Butter zugesetzt haben.

▭ 90 Min./220°C

Marinierte Wildente

2 Portionen
1 Wildente · 1 l Buttermilch · Salz
30 g Butter · 75 g durchwachsener Räucherspeck in Scheiben

Legen Sie eine bratfertig vorbereitete Wildente ein bis zwei Tage in Buttermilch, wobei Sie nicht vergessen dürfen, sie hin und wieder zu wenden. Bevor Sie die Ente zubereiten, muß sie gut abtropfen. Danach reiben Sie sie innen und außen mit Salz ein. In einem Pfännchen lassen Sie die Butter weich, aber nicht flüssig werden

und bepinseln damit die Ente. Nun legen Sie eine gewässerte Tonform mit einem Teil der Speckscheiben aus. Darauf kommt die Ente, die Sie mit den restlichen Speckscheiben belegen.
Bringen Sie die marinierte Wildente mit Semmelknödeln und Pfifferlingen zu Tisch.

75 Min./220 °C

Wildente in Malagasauce

2 Portionen
1 Wildente · Salz · 50 g magerer, roher Schinken
100 g Pfifferlinge · 1 Tasse Malagawein
½ Tasse Wasser · 1 EL Mehl · etwas Wasser
Pfeffer · ½ Tasse Sahne

Reiben Sie die vorbereitete Wildente innen und außen leicht mit Salz ein. Anschließend legen Sie sie in einen gut gewässerten Tontopf.
Schneiden Sie den Schinken in kleine Würfel und die geputzten Pfifferlinge blättrig. Beides kommt in die Form. Dann vermischen Sie Malaga und Wasser und gießen es zu.
Tranchieren Sie die Wildente nach der Garzeit, und legen Sie sie auf eine vorgewärmte Platte. Gießen Sie den restlichen Inhalt der Form durch ein Sieb in eine Kasserolle. Binden Sie die Flüssigkeit mit in Wasser angerührtem Mehl zur Sauce. Dann schmecken Sie mit Salz und frisch gemahlenem Pfeffer ab und verfeinern sie mit Sahne. Servieren Sie die Malagasauce getrennt zur Wildente. Dazu schmecken am besten hausgemachte Spätzle und Preiselbeeren.

90 Min./250 °C

Schlemmerfasan

2 Portionen
1 Fasan · Salz
100 g durchwachsener Räucherspeck in Scheiben
1 Messerspitze Basilikum · 1 Messerspitze Thymian
1 Messerspitze Oregano · ½ TL Paprikapulver, edelsüß
⅛ l Sahne · etwas Stärkemehl

Reiben Sie den bratfertig vorbereiteten Fasan mit einem Tuch außen gut ab. Dadurch lösen Sie unliebsame Hautfetzen, die Sie sonst kaum entfernen können. Anschließend salzen Sie den Fasan innen und außen.

Dann legen Sie den Boden einer gewässerten Tonform mit der Hälfte der Speckscheiben aus. Darauf legen Sie den Fasan und überstreuen ihn möglichst gleichmäßig mit Basilikum, Thymian, Oregano und Paprikapulver. Zum Schluß decken Sie ihn mit den restlichen Speckscheiben ab.

Sobald der Fasan fertig ist, heben Sie ihn zusammen mit den Speckscheiben auf eine vorgewärmte Platte.

Nun lösen Sie den Fond mit etwas heißem Wasser aus der Form und gießen ihn in einen Topf um. Geben Sie die Sahne zu, der Sie zum Binden etwas Stärkemehl untergerührt haben. Lassen Sie die Sauce kurz durchkochen, und schmecken Sie sie gegebenenfalls mit Salz, Paprikapulver und eventuell einem Stäubchen Zucker ab. Sie wird getrennt serviert. Dazu reichen Sie Weinkraut, mit Wacholderbeeren gekocht, mit Kartoffelpüree.

90 Min./220°C

Fasan in Weinlaub

(Foto Seite 149)

2 Portionen
1 Fasan · Salz
100 g durchwachsener Räucherspeck in Scheiben
1 Dose Weinlaub in Öl · 4–5 EL zerlassene Butter

Reiben Sie den bratfertig vorbereiteten Fasan innen und außen mit Salz ein. Belegen Sie ihn mit Speckscheiben, die Sie wiederum mit gut abgetropftem Weinlaub abdecken. So geben Sie den Fasan in eine gut gewässerte Tonform und schließen den Deckel.
Nach einer Stunde Garzeit beträufeln Sie den Fasan mit der heißen, zerlassenen Butter. Anschließend schieben Sie die geschlossene Form für weitere 30 Minuten in das Rohr zurück.
Zu Fasan in Weinlaub schmecken Kastanienpüree und Zuckererbsen besonders delikat. Wenn Sie jedoch den Geschmack der Kastanien weniger lieben, servieren Sie als Beilagen Champagnerkraut und Kartoffelpüree. Kastanienpüree können Sie in der Dose kaufen.

☰ 90 Min./220°C

Gefüllter Fasan

2 Portionen
FÜR DIE FÜLLUNG:
2 EL Butter · 2 Eigelb · 3 EL Sahne
3 EL Semmelbrösel · 75 g geriebene Mandeln · 2 Eiweiß
1 Fasan, bratfertig zugerichtet · Salz
125 g geräucherter Speck in Scheiben

Zunächst bereiten Sie die Füllung zu: Lassen Sie die Butter weich, jedoch nicht flüssig werden, und rühren Sie sie mit Eigelb schaumig. Dann geben Sie Sahne, Semmelbrösel und geriebene Mandeln zu. Schlagen Sie das Eiweiß zu steifem Schnee, den Sie zuletzt unterheben.

Reiben Sie den Fasan innen und außen mit Salz ein, bevor Sie ihn mit der Masse füllen. Dann legen Sie ihn in eine (gewässerte) Tonform, bedecken ihn gleichmäßig mit den Speckscheiben und schließen die Form.

Als Beilagen passen Kartoffelpüree, Preiselbeeren und in Weißwein gedünstete Orangenscheiben besonders gut.

▤ 90 Min./250°C

▩ 10 Min./600 W +
20 Min./300 W + 5 Min. Stehzeit

Fischgerichte

Rotbarsch mit Trauben

5—6 Portionen
1000 g Rotbarschfilet · Saft einer halben Zitrone
je 1 Tasse weiße und blaue Weintraubenbeeren
weißer Pfeffer · 3 EL trockener Sherry
⅛ l Sahne · 1 Ei · Salz

Tupfen Sie den Fisch mit Haushaltspapier trocken, und beträufeln Sie ihn mit Zitronensaft. Während der Saft einzieht, waschen, halbieren und — wenn nötig — entkernen Sie die Weintrauben.
Nun pfeffern Sie den Fisch auf beiden Seiten und legen ihn in die (gewässerte) Fischform. Streuen Sie die Weintraubenhälften darüber, und beträufeln Sie sie mit Sherry. Sie verquirlen das Ei in der Sahne, salzen ganz wenig und gießen die Mischung gleichmäßig darüber. Nun schließen Sie die Form und stellen sie ins Backrohr.
Reichen Sie körnig gekochten Reis oder Kartoffelkroketten zum Rotbarschfilet.

☐ 50 Min./220°C

≋ 15 Min./600 W +
10 Min./300 W + 5 Min. Stehzeit

Fischklöße in Kräutersahne

750 g Fischfilet · 2 eingeweichte Brötchen
2 mittelgroße Zwiebeln · 2 EL kalte Milch
1 EL gehackte Petersilie · Salz, Pfeffer
½ Tasse frische, gewiegte Kräuter, z. B. Schnittlauch, Petersilie, Kerbel, Estragon
¼ l Sauerrahm

Drehen Sie das Fischfilet zusammen mit den eingeweichten und gut ausgedrückten Brötchen sowie den Zwiebeln zweimal durch den Fleischwolf. Dann mischen Sie die kalte Milch sowie die feingehackte Petersilie darunter und schmecken die Fischmasse mit Salz und Pfeffer ab. Nun formen Sie daraus acht Klöße, die Sie in eine gewässerte Tonform setzen.

Verrühren Sie die frischen, feingewiegten Kräuter mit dem Sauerrahm. Schmecken Sie ihn gegebenenfalls mit einer Prise Salz und einem Stäubchen Pfeffer ab, und gießen Sie ihn über die Klöße. Dazu gibt es Salzkartoffeln und gemischten Salat.

▤ 55 Min./220 °C

Fischhackbraten

750 g Fischfilet · 2 eingeweichte Brötchen
2 mittelgroße Zwiebeln · 2 EL kalte Milch
1 EL feingewiegte Petersilie · Salz, Pfeffer
100 g durchwachsener Räucherspeck in Scheiben

Drehen Sie das Fischfilet mit den eingeweichten und gut ausgedrückten Brötchen sowie den Zwiebeln zweimal durch den

Französischer Schinkenauflauf (Rezept Seite 210)

Fleischwolf. Die Masse verkneten Sie mit kalter Milch und Petersilie und schmecken mit Salz und Pfeffer ab.

Dann legen Sie eine (gewässerte) Tonform mit der Hälfte der Speckscheiben aus. Formen Sie die Fischmasse so, daß sie das Aussehen eines länglichen Brotes bekommt, und legen Sie sie in die Form. Decken Sie den Fischhackbraten mit den restlichen Speckscheiben ab, und schließen Sie die Form.

Servieren Sie den Fischhackbraten mit warmem Kartoffelsalat.

▤ 90 Min./220°C

▧ 30 Min./500 W + 5 Min. Stehzeit

Hecht in der Tonform

1 Hecht, ca. 1500 g schwer · 1 Tasse Essig · Wasser
1 Lorbeerblatt · 3 Pfefferkörner
1 gestrichener EL Salz
75 g Kräuterbutter (fertig zu kaufen)

Legen Sie den ausgenommenen und gewaschenen Hecht in eine gewässerte Tonform. Gießen Sie eine Tasse Essig darüber, und füllen Sie anschließend so viel Wasser auf, daß der Fisch bedeckt ist. Dann legen Sie das Lorbeerblatt und die Pfefferkörner dazu und streuen Salz ein.

Den fertig geschmorten Hecht heben Sie aus dem Sud und legen ihn auf eine vorgewärmte Platte. Bevor Sie den Fisch servieren, beträufeln Sie ihn mit heißer Kräuterbutter. Dazu gibt es Salzkartoffeln, die Sie mit gehacktem Ei und feingewiegter Petersilie garnieren, und grünen Salat.

▤ 60 Min./220°C

Seelachs mit Spinat

4 Seelachsfilets · Saft einer halben Zitrone
500 g frischer Blattspinat · 2—3 Tomaten · Salz, Pfeffer
⅛ l Sahne · 1 Becher Joghurt
2 Eier · 1 Tasse geriebener Emmentaler

Tupfen Sie die Fischfilets trocken, und beträufeln Sie sie mit Zitronensaft. Während der Saft einzieht, verlesen Sie den Spinat. Entfernen Sie nur die Stiele, die Blätter bleiben ganz. Gut waschen und abtropfen lassen. Überbrühen Sie die Tomaten, ziehen ihnen die Haut ab und schneiden sie in Scheiben.
Legen Sie mit den Tomatenscheiben den Boden Ihrer (gewässerten) Fischform aus, und bestreuen Sie sie leicht mit Salz und frisch gemahlenem Pfeffer. Pfeffern Sie die Fischfilets und decken sie über die Tomatenscheiben. Schichten Sie die Spinatblätter darauf. Verquirlen Sie Sahne, Joghurt und Eier, gießen Sie sie über den Spinat, und bestreuen Sie alles mit dem geriebenen Käse. Setzen Sie den Deckel auf die Form, und stellen Sie sie ins Backrohr.
Am besten paßt körnig gekochter Reis oder Kartoffelpüree zu Seelachs mit Spinat.

☐ 60 Min./220°C

≋ 10 Min./600 W +
15 Min./300 W + 5 Min. Stehzeit

Schellfisch mit frischen Kräutern

5—6 Portionen
1000 g Schellfischfilet · Saft einer halben Zitrone
1 große Zwiebel · 500 g Champignons
500 g frische Erbsen · 2 Sträußchen Petersilie
2—3 Blätter Borretsch · 2 Bund Dill
1 Bund Schnittlauch · Salz, Pfeffer · ⅛ l Weißwein

Tupfen Sie das Fischfilet mit Haushaltspapier trocken. Anschließend träufeln Sie den Zitronensaft darüber und lassen ihn eine Viertelstunde einziehen. Inzwischen schälen Sie die Zwiebel, hakken sie in kleine Würfel, putzen die Champignons und schneiden sie blättrig. Hülsen Sie die Erbsen aus. Verwenden Sie Erbsen aus der Tiefkühltruhe, brauchen Sie ca. 350 g.

Wiegen Sie Petersilie und Borretsch, und schneiden Sie Dill und Schnittlauch klein. Vermischen Sie Zwiebelwürfel, Champignons, Erbsen und die Kräuter gut miteinander.

Nun salzen und pfeffern Sie den Fisch von beiden Seiten, legen ihn in die gewässerte Fischform und belegen ihn mit dem Gemüse-Kräuter-Gemisch. Gießen Sie den Weißwein dazu und schließen Sie die Form. Dazu paßt am besten Kartoffelpüree.

▭ 45 Min./220°C

≋ 20 Min./600 W +
15 Min./300 W + 5 Min. Stehzeit

Gedünsteter Schellfisch

1000 g Schellfischfilet · Saft einer halben Zitrone
Salz, weißer Pfeffer · 1 Zwiebel
1 Zitrone · ¼ l Weißwein · 1 TL Mehl · 1 Prise Zucker

Tupfen Sie den Fisch mit Haushaltspapier trocken. Dann beträufeln Sie ihn rundum mit Zitronensaft. Zugedeckt lassen Sie ihn eine Viertelstunde ruhen, damit der Saft einziehen kann. Anschließend reiben Sie das Filet auf beiden Seiten mit Salz und weißem Pfeffer ein und legen es in die (gewässerte) Fischform. Schälen Sie die Zwiebel, und hacken Sie sie in feine Würfel. Schälen Sie die Zitrone. Entfernen Sie auch die weiße Haut, sie würde bitter schmecken. Schneiden Sie das Fruchtfleisch in dünne Scheiben. Streuen Sie die Zwiebelwürfel über den Fisch, und decken Sie ihn dann mit den Zitronenscheiben ab. Gießen Sie den Weißwein dazu, und schließen Sie die Form.
Heben Sie das fertige Fischfilet auf eine vorgewärmte Platte. Gießen Sie die Flüssigkeit durch ein Sieb in einen Topf um. Rühren Sie das Mehl in kaltem Wasser glatt und binden Sie damit die Sauce. Schmecken Sie sie mit Salz, Pfeffer und einer Prise Zucker ab. Getrennt zum Fisch reichen. Servieren Sie junge Erbsen und Kartoffelpüree dazu.

◱ 40 Min./220°C

▧ 10 Min./600 W +
10 Min./300 W + 5 Min. Stehzeit

Karpfen in Rosinensauce

1 Karpfen, ca. 1500 g · knapp ¾ l Fleisch- oder Würfelbrühe
40 g Kochlebkuchen · 50 g Rosinen
25 g Korinthen · 3 Gewürznelken · 1 Messerspitze Zimt
2 EL Zitronensaft · 20 abgezogene süße Mandeln
Mehl · 1 EL Johannisbeergelee

Schneiden Sie den gesäuberten Karpfen in vier Portionsstücke, die Sie in eine gewässerte Tonform legen.

Gießen Sie die Fleisch- oder Würfelbrühe zu, und bröckeln Sie den Kochlebkuchen hinein. Dann waschen Sie die Rosinen und Korinthen und geben sie mit den Gewürznelken, die Sie zuvor zerrieben haben, dem Zimt und dem Zitronensaft dazu. Schneiden Sie die Mandeln in Stifte, oder hacken Sie sie in grobe Stücke, sie kommen ebenfalls in die Brühe.

Nach der Garzeit legen Sie die Fischstücke so auf eine vorgewärmte Platte, daß sie wieder das Aussehen eines ganzen Karpfens haben. Füllen Sie die Flüssigkeit in einen Topf um. Sie wird auf der Herdplatte erhitzt und mit etwas Mehl eingedickt, das Sie zuvor in Wasser angerührt haben. Dann schmecken Sie die Sauce mit Johannisbeergelee ab und gießen etwa ein Drittel davon über den Karpfen. Den Rest der Rosinensauce servieren Sie getrennt in einer Sauciere.

Zu dem Karpfen in Rosinensauce passen am allerbesten lockere Hefeklöße.

☰ 60 Min./220°C

Karpfen in polnischer Sauce

1 Karpfen, ca. 1500 g · 3 gelbe Rüben
2 Petersilienwurzeln · 3 kleine Zwiebeln
3 Gewürznelken · 3 Pfefferkörner · 1 Lorbeerblatt
1 Messerspitze Ingwerpulver · 1 Flasche Malzbier
⅛ l Fleisch- oder Würfelbrühe
Saft einer halben Zitrone
50 g Kochlebkuchen · etwas Rotwein

Den gesäuberten Fisch schneiden Sie in vier Stücke. Dann putzen Sie die gelben Rüben und schneiden sie in Scheiben, ebenso die Petersilienwurzeln. Die geschälten Zwiebeln schneiden Sie in Ringe. Legen Sie nun gelbe Rüben, Petersilienwurzeln und Zwiebelringe in eine gewässerte Tonform. Darauf betten Sie die Fischstücke. Geben Sie Gewürznelken, Pfefferkörner, Lorbeerblatt und Ingwerpulver zu, und gießen Sie Malzbier, Fleisch- oder Würfelbrühe und Zitronensaft darüber. Nun bröckeln Sie noch den Kochlebkuchen hinein.

Ist die Garzeit abgelaufen, legen Sie die Fischstücke so auf eine vorgewärmte Platte, daß sie wieder das Aussehen eines Karpfens haben. Passieren Sie die Sauce durch ein Sieb, und schmecken Sie sie mit Rotwein ab. Ein Teil davon wird über den Karpfen gegossen, die restliche Sauce servieren Sie getrennt.

Dazu passen Salzkartoffeln.

⊟ 60 Min./220°C

Geschmorte Forellen

4 Forellen (pro Person 1 Forelle)
Salz · ¼ l Weißwein · 1 Petersilienwurzel
Mehl · Sahne oder Dosenmilch
Muskatnuß · Butterflöckchen

Legen Sie die ausgenommenen, gewaschenen Forellen in eine gewässerte Tonform, nachdem Sie sie mit Salz vorsichtig eingerieben haben. Dann gießen Sie den Weißwein zu, legen die geputzte Petersilienwurzel daneben und garen die Forellen im geschlossenen Topf.

Danach heben Sie die fertigen Fische auf eine vorgewärmte Platte und gießen die Kochflüssigkeit in einen Topf um. Die Petersilienwurzel nehmen Sie heraus, sie wird nicht weiter verwendet. Binden Sie die Brühe mit Mehl, das in Sahne oder Dosenmilch glattgerührt wurde, zu einer Sauce, die Sie mit Salz und geriebener Muskatnuß abschmecken. Anschließend gießen Sie die Sauce über die Forellen. Zum Schluß setzen Sie kleine Butterflöckchen auf, die auf dem heißen Fisch in der Sauce zergehen. Dazu reichen Sie Salzkartoffeln und Rapunzelsalat.

◱ 55 Min./220°C

Fisch im Gemüsebeet

500 g Fischfilet · Zitronensaft · 1 Zwiebel
375 g gelbe Rüben · 1 kleiner Blumenkohl
½ Knolle Sellerie · 2 Stangen Lauch · Pfeffer · ½ l Wasser
1 EL Sojasauce · 1–2 EL frische gehackte Kräuter, z. B. Kerbel, Schnittlauch, Dill, Petersilie

Beträufeln Sie den Fisch mit Zitronensaft. Während Sie das Filet kühl stellen, um den Saft einziehen zu lassen, bereiten Sie das Gemüse vor. Schälen Sie die Zwiebel, und schneiden Sie sie in Ringe. Die geputzten Möhren schneiden Sie in Scheibchen, den Blumenkohl zupfen Sie in Röschen. Der geschälte Sellerie wird in Stifte geschnitten, der gewaschene Lauch in Ringe.

Nun pfeffern Sie den Fisch und legen ihn in eine (gewässerte) Tonform. Darauf geben Sie das Gemüse, das Sie zuvor vermischt haben. Anschließend werden Wasser und die Sojasauce dazugegossen.

Kurz vor dem Servieren streuen Sie die frischen, feingehackten Kräuter darüber. Zu Fisch im Gemüsebeet passen am besten Salzkartoffeln.

60 Min./220°C

15 Min./600 W +
15 Min./400 W + 5 Min. Stehzeit

Fischrouladen in Schnittlauchsauce

4 Scheiben Fischfilet, ca. 600 g · Zitronensaft
50 g Räucherspeck · 1 mittelgroße Zwiebel · Pfeffer
1 EL Kräutersenf oder 1 EL Tomatenmark
¼ l Sauerrahm oder Joghurt · 2 Bund Schnittlauch

Beträufeln Sie die Fischscheiben auf beiden Seiten mit Zitronensaft, den Sie gut einziehen lassen. Währenddessen schneiden Sie den Speck in kleine Würfel und braten ihn in einer Pfanne glasig. Dann geben Sie die ebenfalls kleinwürfelig geschnittene Zwiebel dazu und rösten sie goldgelb.

Nun reiben Sie die Fischfilets mit Pfeffer ein und verteilen einen Eßlöffel Senf oder Tomatenmark gleichmäßig auf alle vier Filets. Anschließend belegen Sie die Fischscheiben mit dem Zwiebel-Speck-Gemisch, rollen sie von der Schmalseite her auf und binden sie mit einem Zwirnsfaden zusammen. Natürlich können Sie statt dessen auch Holzstäbchen (Zahnstocher) verwenden. Dann legen Sie die Fischrollen nebeneinander in die (gewässerte) Tonform und gießen den Sauerrahm oder Joghurt dazu, den Sie zuvor mit kleingehacktem Schnittlauch verrührt haben.

Servieren Sie das Gericht mit Salzkartoffeln und Gurken- oder Kopfsalat.

45 Min./220°C

7 Min./600 W +
10 Min./300 W + 5 Min. Stehzeit

Römeraal

1000 g Aal · 1 große Zwiebel · 1 Bund Suppengrün
1 Messerspitze Thymian · 1 Messerspitze Salbei
1 Messerspitze Kerbel · 2 Glas Weißwein · etwas Mehl

Teilen Sie den abgehäuteten Aal in Portionsstücke, die Sie in eine (gewässerte) Tonform legen. Dann schneiden Sie die Zwiebel in Scheiben, putzen das Suppengrün und schneiden es in kleine Stücke. Legen Sie beides zum Fisch in den Topf. Geben Sie Thymian, Salbei, Kerbel und den Weißwein dazu.

Nehmen Sie die gegarten Fischstücke aus der Tonform und gießen die Brühe durch ein Sieb in eine Kasserolle. Die Flüssigkeit wird auf der Herdplatte zum Kochen gebracht und mit Mehl, das Sie zuvor mit etwas Wasser glattgerührt haben, zu einer weißen Sauce gebunden.

Zum Römeraal schmeckt Reis ebensogut wie Salzkartoffeln. Außerdem können Sie geschmorte Auberginen und einen gemischten Salat à la Saison reichen.

☐ 60 Min./220°C

≋ 10 Min./600 W +
10 Min./300 W + 5 Min. Stehzeit

Marseiller Aaltopf

500 g Tomaten · 1000 g Aal
2 mittelgroße Zwiebeln · 1 Sträußchen Petersilie
150 g Champignons · 1 Glas Weißwein · Butterflöckchen

Überbrühen Sie die Tomaten, und ziehen Sie ihnen die Haut ab. Schneiden Sie die Tomaten in Scheiben und legen mit der Hälfte davon den Boden eines (gewässerten) *Römertopfes* aus. Den gewaschenen, abgezogenen Aal teilen Sie in Portionsstücke. Dann hakken Sie die Zwiebeln und die Petersilie fein und streuen jeweils die Hälfte davon über die Tomatenschicht im Topf. Darauf legen Sie die Aalstücke, decken die restlichen Tomatenscheiben darüber und überstreuen alles mit den verbliebenen Zwiebeln und der Petersilie. Putzen Sie die Champignons, und schneiden Sie sie blättrig.

Über den Inhalt des Topfes verteilt, werden sie mit Weißwein übergossen. Danach setzen Sie die Butterflöckchen auf und schließen die Form.

Reichen Sie den Marseiller Aaltopf mit Kräuterreis.

▭ 60 Min./220°C

≋ 20 Min./600 W +
10 Min./300 W + 5 Min. Stehzeit

Gefüllter Schellfisch

1000 g Schellfisch

FÜR DIE FÜLLUNG:
---
1 Tasse Semmelbrösel · 3 EL geriebener Parmesankäse
---
1 kleine Zwiebel · 3 Tomaten · 1 Ei
---
1 EL feingewiegte Petersilie · Pfeffer · Muskatnuß
---
1 EL weiche Butter · 2 EL Semmelbrösel

Entgräten Sie den Fisch von der Bauchseite her. So bleibt seine Form erhalten.

Für die Füllung vermischen Sie die Semmelbrösel mit geriebenem Parmesankäse und der Zwiebel, die Sie zuvor feingehackt haben. Dann überbrühen Sie die Tomaten und ziehen ihnen die Haut ab. Anschließend schneiden Sie sie in kleine Würfel, die Sie zusammen mit dem Ei und der Petersilie zugeben. Schmecken Sie das Gemisch mit Pfeffer und geriebener Muskatnuß ab.

Nun füllen Sie die Masse in den Fisch und legen ihn vorsichtig in die (gewässerte) Tonform. Er wird gepfeffert, mit weicher Butter bepinselt und anschließend mit Semmelbröseln bestreut.

Dazu reichen Sie Avocadosalat und Salzkartoffeln.

 60 Min./220°C

Gebackenes Fischfilet

1000 g Fischfilet · Zitronensaft · Salz, Pfeffer
2 EL Semmelbrösel · 1 Orange · 2 EL flüssige Butter

Das Fischfilet teilen Sie in Portionsstücke, die Sie auf beiden Seiten mit Zitronensaft beträufeln. Legen Sie die Stücke nebeneinan-

der in eine (gewässerte) Tonform, salzen und pfeffern Sie nach Geschmack, und streuen Sie die Semmelbrösel gleichmäßig über die Filets. Dann waschen Sie eine Orange und schneiden davon, ohne sie zuvor zu schälen, so viele Scheiben, wie Sie Portionsstücke in der Form haben. Auf die Mitte einer jeden Fischportion kommt eine Orangenscheibe.
Beträufeln Sie alles mit flüssiger Butter, ehe Sie die Form schließen. Servieren Sie das Fischfilet mit Petersilienkartoffeln.

◨ 45 Min./220°C

Gebackenes Seefischfilet

1000 g Seefischfilet · Saft einer halben Zitrone
Salz · 75–100 g durchwachsener Räucherspeck
2–3 feingehackte Zwiebeln · 1 Sträußchen Petersilie
2 EL Semmelbrösel · 4 Tomaten

Beträufeln Sie das Fischfilet mit Zitronensaft, und lassen Sie es eine halbe Stunde ruhen, damit der Saft durchziehen kann. Mit Salz gewürzt, legen Sie es in eine (gewässerte) Fischform. Dann schneiden Sie den Speck in Würfel, die Sie in eine Pfanne geben, und rösten darin die gehackten Zwiebeln goldgelb. Verteilen Sie das Gemisch über das Fischfilet. Vermischen Sie die feingewiegte Petersilie mit den Semmelbröseln und bestreuen Sie damit die Filets. Setzen Sie in jede Ecke der Form eine gewaschene Tomate, bevor der Deckel geschlossen wird.
Reichen Sie das Fischfilet zu warmem oder kaltem Kartoffelsalat oder Kartoffelpüree.

◨ 60 Min./220°C

≋ 20 Min./600 W + 5 Min. Stehzeit

Fischfilet »Charleston«

---
75 g Räucherspeck in Scheiben

1000 g beliebiges Fischfilet · Salz, Pfeffer
---
1 kleine Zwiebel · ¼ l Sauerrahm
---
1 TL Paprikapulver, edelsüß · 50 g Kräuterbutter

Legen Sie mit der Hälfte der Speckscheiben den (gewässerten) Tontopf aus. Würzen Sie das Filet sehr sparsam mit Salz (der Speck gibt einen Teil seines Salzes an den Fisch ab!) und Pfeffer, dann legen Sie es auf die Speckscheiben. Nun decken Sie die restlichen Speckscheiben darüber und streuen die grobgehackte Zwiebel darauf.

Nun verrühren Sie Sauerrahm mit Paprikapulver und gießen ihn über das Filet. Vor dem Servieren setzen Sie Butterflöckchen von Kräuterbutter auf die Filets. Dazu gibt es Salzkartoffeln.

☰ 60 Min./220°C

≋ 15 Min./600 W +
10 Min./300 W + 5 Min. Stehzeit

Rotbarschfilet in Käsecremesauce

1000 g Rotbarschfilet · Zitronensaft · Salz

⅛ l Weißwein · 1 eigroßes Stück Butter oder Margarine
---
2 gestrichene EL Mehl · ⅛ l Wasser, knapp gemessen
---
2 Ecken Schmelzkäse

Beträufeln Sie das Fischfilet mit Zitronensaft. Danach reiben Sie es mit Salz ein und legen es in eine (gewässerte) Tonform. Gießen Sie den Weißwein zu und lassen Sie den Rotbarsch gar dünsten.

Inzwischen zerlassen Sie die Butter oder Margarine in einem Topf. Darin rösten Sie das Mehl leicht an und löschen mit Wasser ab. Nun geben Sie die Käseecken in die Sauce und lassen sie zergehen. Dann rühren Sie die Flüssigkeit aus der Form hinein, schmecken mit Salz ab und gießen die sämige Sauce über den Fisch.
Servieren Sie dazu Salzkartoffeln.

50 Min./220°C

15 Min./600 W +
8 Min./300 W + 5 Min. Stehzeit

Fischfilet in Kräutercreme

1000 g Fischfilet · Saft einer halben Zitrone
3 Eier · ¼ l Sahne · Salz, weißer Pfeffer
1 Tasse feingehackte gemischte Kräuter, z. B. Dill, Borretsch, Petersilie, Schnittlauch, Kresse

Tupfen Sie das Fischfilet trocken, beträufeln es mit Zitronensaft und lassen es gut durchziehen. Das dauert ungefähr eine Viertelstunde.
Dann legen Sie es in die (gut gewässerte) Tonform.
Verquirlen Sie die Eier in der Sahne und würzen Sie mit Salz und Pfeffer. Rühren Sie die frischen Kräuter darunter, und gießen Sie die Mischung gleichmäßig über das Fischfilet. Nun schließen Sie die Form.
Servieren Sie das Fischfilet in der Form. Reichen Sie körnig gekochten Reis und Champignonsalat dazu.

50 Min./220°C

15 Min./600 W +
10 Min./300 W + 5 Min. Stehzeit

Pikantes Fischfilet

750 g Fischfilet · Saft einer halben Zitrone
Salz, weißer Pfeffer · 2 Tomaten
2 Scheiben Ananas · 2 EL Kapern · ¼ l Weißwein
1 EL feingewiegte Petersilie

Schneiden Sie das Fischfilet in mundgerechte Würfel, die Sie mit Zitronensaft beträufeln und leicht mit Salz und weißem Pfeffer bestreuen. Überbrühen Sie die Tomaten, ziehen Sie ihnen die Haut ab und vierteln sie. Die Ananasscheiben schneiden Sie in Stückchen. Füllen Sie die Zutaten zunächst in eine Schüssel, geben die Kapern zu und vermischen alles gut miteinander. Nun füllen Sie alles in den (gewässerten) *Römertopf* um, gießen den Weißwein zu und schließen die Form.

Kurz vor dem Servieren streuen Sie die feingewiegte Petersilie darüber.

Reichen Sie das pikante Fischfilet zu Kartoffelpüree und Möhrensalat.

▤ 75 Min./220°C

≋ 20 Min./600 W + 5 Min. Stehzeit

Kabeljaufilet

1000 g Kabeljaufilet · einige Tropfen Zitronensaft
Salz · 3 Stangen Lauch
150 g junge Möhren (gelbe Rüben)
½ Tasse Weißwein oder Apfelsaft
etwas Stärkemehl, in Sahne oder Dosenmilch angerührt

Beträufeln Sie das Fischfilet mit etwas Zitronensaft, und reiben Sie es anschließend mit Salz ein. Legen Sie das Filetstück in eine (gewässerte) Tonform.

Dann putzen Sie den Lauch und schneiden ihn in dünne Ringe, die Sie über das Kabeljaufilet decken. Die geschabten jungen Möhren legen Sie rundum auf den Boden der Form. Nun gießen Sie Weißwein oder Apfelsaft über das Filet.

Nach der Garzeit legen Sie das Kabeljaufilet mit Lauch und Möhren auf eine vorgewärmte Platte. Den Fischfond lösen Sie mit etwas heißem Wasser, damit der Topf nicht springt, und füllen ihn in einen kleinen Topf. Nach nochmaligem Erhitzen dicken Sie ihn mit etwas Stärkemehl, das Sie zuvor in Sahne oder Dosenmilch angerührt haben, zu einer Sauce ein. Diese Sauce gießen Sie über den Fisch, der mit Kartoffeln oder Reis serviert wird.

55 Min./220°C

15 Min./600 W +
15 Min./300 W + 5 Min. Stehzeit

Tiroler Kirschauflauf (Rezept Seite 220)

Fischfilet mit Mandelcreme

4 Fischfilets · 1—2 EL Zitronensaft
Salz, weißer Pfeffer · ¼ l Sahne · 2 Eier
2 EL geschälte, geriebene Mandeln · 1 Prise Ingwerpulver
50 g Mandelblättchen

Zunächst tupfen Sie die Fischfilets mit Haushaltspapier trocken. Dann beträufeln Sie sie auf beiden Seiten mit Zitronensaft und lassen sie kühl ruhen, damit der Saft gut in den Fisch einziehen kann. Das dauert ungefähr 20 Minuten.
Reiben Sie die Fischscheiben mit Salz und weißem Pfeffer ein, und legen Sie sie möglichst nebeneinander in Ihre Fischform. Verquirlen Sie Sahne, Eier und geriebene Mandeln miteinander. Schmecken Sie die Mischung mit Salz, weißem Pfeffer und einer Prise Ingwer ab. Gießen Sie die Eiersahne gleichmäßig über das Fischfilet, streuen Sie die Mandelblättchen darüber, schließen Sie die Form.
Servieren Sie dazu Safranreis oder Kartoffelkroketten.

▭ 40 Min./220°C

▨ 10 Min./600 W +
10 Min./300 W + 5 Min. Stehzeit

Fischfilet »Arlette«

100 g durchwachsener Räucherspeck in Scheiben
4 Tomaten · Salz, Pfeffer · 2 Zwiebeln
1000 g beliebiges Fischfilet
Zitronensaft · 1/8 l Sauerrahm · 2 EL Tomatenmark

Legen Sie den Boden einer (gewässerten) Tonform mit der Hälfte der Speckscheiben aus. Darauf schichten Sie zwei Tomaten, die Sie in Scheiben geschnitten haben, und würzen mit wenig Salz und Pfeffer. Dann hacken Sie eine Zwiebel in kleine Würfel und streuen sie über die Tomaten. Das Fischfilet haben Sie mit Zitronensaft beträufelt und gesalzen und legen es nun in die Form. Darauf decken Sie die Scheiben der restlichen zwei Tomaten, die Sie ebenfalls salzen und pfeffern. Auch die zweite Zwiebel — feingehackt — verteilen Sie über die Tomaten. Anschließend verrühren Sie den Sauerrahm mit dem Tomatenmark, würzen mit Salz und Pfeffer und gießen die Flüssigkeit über die Schichten. Obenauf decken Sie die restlichen Speckscheiben.
Dazu servieren Sie Salz- oder Bratkartoffeln.

- 60 Min./220°C

- 25 Min./600 W + 5 Min. Stehzeit

Edamer Fischrollen

4 Scheiben Fischfilet (sie sollen nach Möglichkeit lang und dünn geschnitten sein)
Salz · 1 EL Tomatenmark · 4 Scheiben roher Schinken
4 Scheiben Edamer Käse · 1 EL weiche Butter
1 EL Semmelbrösel

Salzen Sie die Fischfilets von beiden Seiten, und verteilen Sie das Tomatenmark auf die vier Scheiben. Darauf legen Sie je eine Scheibe Schinken, die Sie wiederum mit einer Scheibe Käse abdecken. Rollen Sie die belegten Filets von der schmalen Seite her auf, und stecken Sie sie mit großen Zahnstochern zusammen. Dann setzen Sie die Rollen nebeneinander in eine (gewässerte) Tonform.

Nun bepinseln Sie den Fisch mit weicher Butter und streuen Semmelbrösel darüber. Servieren Sie die Edamer Fischrollen mit Salzkartoffeln, die Sie dick mit feingehacktem Schnittlauch oder Petersilie bestreut haben.

60 Min./220°C

10 Min./600 W +
10 Min./300 W + 5 Min. Stehzeit

Dänischer Fischtopf

750–1000 g Seefischfilet · Zitronensaft · Salz, Pfeffer
1 Zwiebel, gespickt mit 3 Gewürznelken
1 Lorbeerblatt · 200 g Champignons · ¼ l Sahne
Mehl oder Stärkemehl · 2–3 EL Sahne oder Dosenmilch
3 EL geriebener Parmesankäse
2 EL frische, gehackter Kräuter, z. B. Dill, Schnittlauch, Petersilie, Estragon

Beträufeln Sie das Fischfilet mit Zitronensaft. Anschließend lassen Sie es ungefähr eine halbe Stunde ruhen. Dann würzen Sie mit Salz und Pfeffer und legen das Fischfilet in die (gewässerte) Tonform. Die geschälte Zwiebel, die mit Nelken gespickt wurde, geben Sie dazu, ebenso das Lorbeerblatt.

Die Champignons putzen Sie und schneiden sie feinblättrig. Damit umlegen Sie das Fischstück. Dann gießen Sie die Sahne dazu und schließen die Form.

Zehn Minuten vor dem Ende der Garzeit heben Sie das Filet aus der Form und legen es auf eine vorgewärmte Platte. Das Backrohr schalten Sie nicht ab. Nehmen Sie die gespickte Zwiebel und das Lorbeerblatt aus dem Sud, den Sie in einen Topf umfüllen. Der Sud wird nun auf der Herdplatte erhitzt und mit Mehl oder Stärkemehl, das Sie in Sahne, Dosenmilch oder Wasser glattgerührt haben, eingedickt. Mit Salz, Pfeffer und Zitronensaft schmecken Sie die Sauce ab. Nun legen Sie den Fisch in die Form zurück, gießen die Sauce darüber und bestreuen alles mit geriebenem Parmesankäse. Stellen Sie die Form ohne Deckel wieder in den Ofen. Der Fischtopf muß noch zehn bis zwölf Minuten überbacken. Mit frischen, gehackten Kräutern bestreut, reichen Sie ihn zu Reis.

▭ 75 Min./220°C

≋ 23 Min./600 W + 5 Min. Stehzeit

Kabeljau mit Ingwer

(Foto Seite 167)

1 ganzer Kabeljau, ca. 1 kg · ¼ l Apfelwein
¼ l Wasser · 2 Lorbeerblätter
5 Wacholderbeeren · 2 Gewürznelken · 1 EL Salz
1 Sträußchen Dill · 1 Zitrone
1 unbehandelte Orange · 3 eingelegte Ingwerfrüchte
FÜR DIE SAUCE:
1 eigroßes Stück Butter · 2 EL Mehl

Falls nötig, nehmen Sie den Kabeljau aus und reinigen ihn unter fließendem Wasser. Aber wenn Sie Ihren Fischhändler bitten, nimmt er Ihnen bestimmt diese Arbeit ab.

Gießen Sie Apfelwein und Wasser in den Fisch-*Römertopf*, und legen Sie den Fisch mit der Bauchseite nach unten hinein. Fügen Sie Lorbeerblätter, Wacholderbeeren, Gewürznelken, Salz und Dillsträußchen bei. Pressen Sie die Zitrone aus, und gießen Sie den Saft gleichmäßig über den Fisch. Dann waschen Sie die Orange und schneiden sie mit der Schale in Scheiben. Die eingelegten Ingwerfrüchte teilen Sie in schmale Streifen. Verteilen Sie zuerst die Ingwerfrüchte rund um den Fisch in der Flüssigkeit, dann legen Sie die Orangenscheiben hinein.

Heben Sie den gegarten Fisch vorsichtig, damit er nicht zerfällt, auf eine vorgewärmte Platte.

Zerlassen Sie die Butter in einem Topf, rösten darin das Mehl goldgelb und löschen mit dem Fischsud ab. Gießen Sie ihn durch ein Sieb, Gewürze und Früchte sollen nicht mit in die Sauce kommen, sie waren nur als Geschmackszutaten nötig. Geben Sie so viel Flüssigkeit zu, daß eine dicke Sauce entsteht. Schmecken Sie mit Salz und Pfeffer ab, reichen Sie die Sauce getrennt zum Fisch. Servieren Sie Salzkartoffeln dazu.

⊟ 40 Min./220°C

Fischauflauf

1000 g beliebiges Fischfilet · 1000 g Tomaten
3 kleine Zwiebeln · Salz · Paprikapulver, edelsüß
2–3 TL geriebener Parmesankäse · ¼ l Sahne

Schneiden Sie das Filet in kleine Stücke. Dann überbrühen Sie die Tomaten, enthäuten sie und schneiden sie anschließend in Scheiben. Die geschälten Zwiebeln hacken Sie in Würfel.
Legen Sie nun eine (gewässerte) Tonform mit einer Schicht Fischstücke aus. Darauf kommt eine Lage Tomatenscheiben, die Sie mit gehackter Zwiebel überstreuen. Würzen Sie mit Salz, Paprikapulver und Parmesankäse. Wiederholen Sie das, bis die Tonform voll ist. Zuletzt gießen Sie die Sahne über das Ganze und streuen noch mal Parmesankäse darüber.
Dazu können Sie mit Schnittlauch bestreute Salzkartoffeln oder Kartoffelpüree reichen.

⊟ 60 Min./220°C

≋ 15 Min./600 W +
15 Min./300 W + 5 Min. Stehzeit

Aufläufe

PIKANTE AUFLÄUFE

Französischer Schinkenauflauf
(Foto Seite 185)

8–10 Scheiben Weißbrot
300 g gekochter Schinken am Stück
⅛ l Sahne · 3 Eier · 50 g geriebener Parmesankäse
Sojasauce · Salz, Pfeffer · geriebene Muskatnuß
50 g Butter in Flöckchen

Legen Sie den Boden einer gewässerten Tonform mit der Hälfte der Weißbrotscheiben aus, die nicht zu dick geschnitten sein sollen. Teilen Sie den Schinken in kleine Würfel, die Sie auf die Brotscheiben decken. Darauf kommt wieder eine Lage Weißbrot. Nun verquirlen Sie die Sahne mit den Eiern und geben den geriebenen Käse dazu. Schmecken Sie vorsichtig mit Sojasauce, Salz, Pfeffer und geriebener Muskatnuß ab. Gießen Sie diese Mischung gleichmäßig über die Weißbrotscheiben, und setzen Sie die Butterflöckchen auf, bevor Sie die Form schließen.
Servieren Sie den Französischen Schinkenauflauf mit Tomaten- oder grünem Salat.

▱ 60 Min./220°C

Kartoffelauflauf

1000 g Kartoffeln · 200 g gekochter Schinken am Stück

75 g Butter oder Margarine · 2 gestrichene EL Mehl

¼ l Milch · ⅛ l Sahne · 175 g Emmentaler Käse

Pfeffer, Salz · gemahlene Muskatnuß

50 g Butter oder Margarine in Flöckchen

Kochen Sie die Kartoffeln in der Schale gar. Dann schälen Sie sie, schneiden sie in Scheiben und legen damit eine gewässerte Tonform aus. Anschließend schneiden Sie den gekochten Schinken in kleine Würfel und verteilen sie gleichmäßig über die Kartoffeln. Nun wird die Butter oder Margarine in einem Topf erhitzt und das Mehl darin hellgelb geröstet. Löschen Sie mit Milch ab, und rühren Sie die Sahne unter. Dann schneiden Sie den Käse in kleine Stückchen, die Sie in der Sauce zergehen lassen, schmecken mit Salz, Pfeffer, gemahlener Muskatnuß ab und gießen die fertige Sauce über den Inhalt des Tontopfes. Setzen Sie die Butter- oder Margarineflöckchen obenauf. Dann schließen Sie die Form und stellen sie ins Backrohr.

Reichen Sie zum Kartoffelauflauf verschiedene Salate, zum Beispiel Kopfsalat, Tomaten-, Sellerie- und Möhrensalat oder auch einen knackigen Mischsalat.

▭ 75 Min./220°C

Quark ist nicht nur ein sehr beliebtes Nahrungsmittel, sondern, wie wir alle wissen, eine gesunde Sache, die für unseren Körper außerordentlich wichtig ist.

Aus diesem Grund wollen wir auch beim Kochen mit dem *Römertopf* den Quark nicht missen. Allerdings wird er meist für süße

Speisen verwendet. Deshalb sollen hier einige pikante Quarkrezepte folgen.

Herzhafter Quarkauflauf

100 g Räucherspeck · 2 mittelgroße Zwiebeln
250 g Quark · 4 Eier
100 g geriebener Parmesankäse · ½ Tasse Semmelbrösel
1 Messerspitze Muskatnuß · Salz, Pfeffer
1 Bund Schnittlauch oder 1 Sträußchen Petersilie

Schneiden Sie den Räucherspeck in kleine Würfel und lassen Sie ihn in der Pfanne glasig werden. Dann geben Sie die Zwiebeln, die ebenfalls kleinwürfelig geschnitten wurden, dazu und rösten sie goldbraun.

Nun verrühren Sie den Quark mit den Eiern, dem geriebenen Parmesankäse und den Semmelbröseln. Geben Sie den ausgekühlten Inhalt der Pfanne dazu und vermischen Sie alles gut. Schmecken Sie mit Salz und Pfeffer ab, und würzen Sie mit Muskatnuß, bevor die Masse in die gewässerte Tonform umgefüllt wird. Die Form wird nun geschlossen und in den Ofen gestellt.

Vor dem Servieren bestreuen Sie den Auflauf mit kleingehacktem Schnittlauch oder gewiegter Petersilie und reichen ihn mit einer scharf gewürzten Tomatensauce.

▭ 60 Min./220°C

Frühlings-Quarkauflauf

---
500 g Quark · 4 Eier · 50 g geriebener Parmesankäse

1½ Tassen feingewiegte grüne Kräuter,
z. B. Dill, Melisse, Estragon, Kerbel, Brunnenkresse,
Petersilie, Schnittlauch

½ Tasse Semmelbrösel · Salz, Pfeffer

2 EL Semmelbrösel · 1 EL Butter

Sie verrühren den Quark mit den Eiern und mischen geriebenen Parmesankäse, die feingewiegten Kräuter und die halbe Tasse Semmelbrösel unter. Schmecken Sie mit Salz und Pfeffer ab. Anschließend füllen Sie die Masse in eine gewässerte Tonform und streuen Semmelbrösel darüber. Nun setzen Sie die Butter oder Margarine in Flöckchen obenauf und schließen die Form.
Als geschmackliche Ergänzung zum Frühlings-Quarkauflauf empfiehlt sich Tomatensalat.

 60 Min./220°C

Schinken-Quarkauflauf

---
50 g Butter oder Margarine · 3 Eigelb

500 g Quark · ⅛ l Milch · 125 g Grieß

150 g gekochter Schinken am Stück · 1 Sträußchen Petersilie

1 Knoblauchzehe · Salz · Paprikapulver, edelsüß

3 Eiweiß · 2 EL Semmelbrösel · Butterflöckchen

Rühren Sie die Butter oder Margarine mit dem Eigelb schaumig. Arbeiten Sie Quark und Milch ein. Nun geben Sie den Grieß zu,

ebenso den gekochten, in kleine Würfel geschnittenen Schinken. Dann wiegen Sie die Petersilie und die Knoblauchzehe sehr fein, rühren beides unter und schmecken mit Salz und Paprikapulver ab. Schlagen Sie das Eiweiß zu sehr steifem Schnee, und heben Sie es unter die Quarkmasse. Diese füllen Sie anschließend in die gewässerte Tonform, bestreuen sie mit Semmelbröseln und setzen in gleichmäßigen Abständen Butterflöckchen auf.
Servieren Sie den Schinken-Quarkauflauf mit grünem Salat.

60 Min./220 °C

Sauerkrautauflauf

3 große saure Äpfel · 350 g geräucherte Wurst am Stück
500 g Sauerkraut · 3 Wacholderbeeren
⅛ l Apfelsaft · 1 mittelgroße Zwiebel

Schälen Sie die Äpfel, entfernen Sie das Gehäuse und raspeln Sie sie auf einer entsprechend groben Reibe. Dann schneiden Sie die Wurst in kleine Würfel und vermischen sie gut mit den geraspelten Äpfeln und dem Sauerkraut, das Sie auseinandergezupft haben. Alles zusammen kommt nun in die gewässerte Tonform. Geben Sie die Wacholderbeeren dazu, und gießen Sie den Apfelsaft an. Nun schneiden Sie die geschälte Zwiebel in dünne Scheiben und bedecken damit die Oberfläche des Sauerkrautauflaufs.
Nach der Garzeit wird der Sauerkrautauflauf mit Salzkartoffeln, Kartoffelbrei oder Kartoffelknödeln serviert.

75 Min./220 °C

Putenauflauf

4 große Putenschnitzel oder 750 g Putenbrust
Salz, Pfeffer · 6 Tomaten
1 EL frischer gehackter Thymian
½ TL Knoblauchpulver · 1 große Zwiebel
1 grüne Paprikaschote · 125 g geriebener Emmentaler

Schneiden Sie das Putenfleisch in mundgerechte Stücke. Bedekken Sie damit den Boden der gut gewässerten Tonform, und würzen Sie mit Salz und Pfeffer. Überbrühen Sie die Tomaten, ziehen ihnen die Haut ab und schneiden sie in Scheiben. Die Hälfte davon kommt als zweite Schicht in den *Römertopf*. Streuen Sie Thymian und Knoblauchpulver gleichmäßig darüber. Schälen Sie die Zwiebel, und hacken Sie sie in kleine Würfel. Entfernen Sie die Kerne aus der Paprikaschote, und schneiden Sie sie in feine Streifen. Füllen Sie beides in die Form und legen die restlichen Tomatenscheiben darauf. Bestreuen Sie alles dick mit Käse, und schließen Sie die Form.

Servieren Sie den Putenauflauf mit dunklem Bauernbrot oder, wenn Sie das lieber mögen, mit körnig gekochtem Reis.

⊟ 60 Min./220 °C

Sellerieauflauf

2 große Knollen Sellerie · 2 mittelgroße Äpfel
200 g gekochter Schinken am Stück
2 Scheiben Ananas · ⅛ l Sahne · ⅛ l Weißwein
1 EL Stärkemehl · 1 Prise Salz

Schälen Sie die Sellerieknollen und die Äpfel, die Sie anschließend entkernen. Raspeln Sie beides auf einer groben Reibe. Dann schneiden Sie den gekochten Schinken und die Ananasscheiben in kleine Würfel, vermischen Sellerie, Äpfel, Schinken und Ananas gut miteinander und füllen alles in eine gewässerte Tonform. Nun verrühren Sie die Sahne mit Weißwein, Stärkemehl und einer Prise Salz, gießen das Gemisch über den Inhalt der Tonform und schließen den Deckel.

Servieren Sie den Sellerieauflauf mit neuen Pellkartoffeln, die Sie mit reichlich feingehackter Petersilie überstreuen.

▭ 75 Min./220°C

SÜSSE AUFLÄUFE

Royal Strawberry Nußauflauf mit Erdbeersauce

3 Eier · 175 g Zucker · 1 Päckchen Vanillinzucker
150 g geriebene Haselnüsse
5 Tropfen Backöl Bittermandel · 500 g Quark
4 schwach gehäufte EL Stärkemehl · ¼ l Milch
FÜR DIE SAUCE:
500 g frische Erdbeeren
Zucker nach Geschmack oder 1 große Dose Erdbeeren (ca. 800 g)
ZUM GARNIEREN:
12–15 Erdbeeren

Schlagen Sie die Eier mit Zucker und Vanillinzucker sehr schaumig. Anschließend rühren Sie die geriebenen Haselnüsse und das Backöl unter und arbeiten den Quark zusammen mit der Milch ein. In diesen flüssigen Teig rühren Sie dann das Stärkemehl, wodurch der Teig nicht wesentlich fester wird. Das geschieht erst beim Backen. Dazu gießen Sie die Masse in einen gewässerten Tontopf, schließen den Deckel und schieben die Form in den Ofen.

Während der Garzeit stellen Sie die Erdbeersauce her. Dazu zukkern Sie einfch die Erdbeeren gut ein und pürieren sie im Mixer, nachdem sie Saft gezogen haben.

Kurz vor dem Servieren garnieren Sie den Royal Strawberry, den Sie im Tontopf auf den Tisch bringen, mit Erdbeeren. Dazu verwenden Sie gezuckerte frische Früchte oder gut abgetropfte aus der Dose. Sie können diese köstliche Süßspeise also das ganze Jahr über reichen und sind an keine Saison gebunden.

Verwenden Sie Dosenfrüchte, so füllen Sie die Erdbeeren mit dem Saft in den Mixer und lassen alles gut durchmischen. Diese Fruchtsauce, mit der Sie die einzelnen Portionen übergießen, sollte nicht zu lange stehen.

90 Min./220°C

Brünner Quarkauflauf

250 g Quark · ¼ l Sahne · ¼ l Milch · 75 g Zucker
2 Eigelb · 1 Päckchen Puddingpulver »Sahnegeschmack«
3 EL geriebene Haselnüsse
1 Glas Marillenschnaps · 2 Eischnee

Rühren Sie den Quark mit Sahne und Milch glatt. Arbeiten Sie unter weiterem Rühren Zucker, Eigelb, Puddingpulver, geriebene Haselnüsse und den Marillenschnaps ein. Dann schlagen Sie das Eiweiß zu sehr steifem Schnee, den Sie vorsichtig unter die Quarkmasse heben, und füllen die Masse in die gewässerte Tonform.

60 Min./220°C

Kirschenmichl

3 Brötchen · 250 g Sahnequark · 100 g Zucker
1 Ei · 4 Tropfen Backaroma Zitrone
500 g entsteinte Kirschen · ¼ l Milch · 1 Ei
1 EL Zucker · Butterflöckchen

Schneiden Sie die Brötchen in dünne Scheiben. Mit der Hälfte davon legen Sie den Boden der gewässerten Tonform aus.

Dann verrühren Sie den Sahnequark mit 100 g Zucker, einem Ei, dem Zitronenaroma und heben die Kirschen unter. Anschließend füllen Sie die Masse in die Tonform und decken die zweite Hälfte der Brötchenscheiben darüber. Nun verquirlen Sie die Milch mit Ei und einem Eßlöffel Zucker und gießen die Mischung über den Inhalt der Form. Sie setzen Butterflöckchen obenauf und schließen die Form. Der Kirschenmichl wird mit Vanillesauce serviert.

 75 Min./220°C

Gebackene Zwetschgen mit Nußstreuseln

1000 g Zwetschgen
ZUM BESTREUEN:
150 g Mehl · 175 g Zucker · 75 g geriebene Haselnüsse
125 g Butter oder Margarine

Entsteinen Sie die gewaschenen Zwetschgen und legen Sie sie in eine gewässerte Tonform.
Dann kneten Sie aus Mehl, Zucker, geriebenen Haselnüssen und Butter oder Margarine Streusel, mit denen Sie die Früchte gleichmäßig bestreuen.
Zum fertigen Auflauf servieren Sie süße Schlagsahne, die Sie mit etwas Zimt vermischt haben.
Anstelle von Zwetschgen können Sie auch Kirschen oder Aprikosen verwenden.

60 Min./220°C

Tiroler Kirschauflauf

(Foto Seite 203)

¼ l Milch · 150 g Zucker · 2 Päckchen Vanillinzucker
4 schwach gehäufte EL Stärkemehl
4 Eigelb · 500 g Quark
1 großes Glas entsteinte Sauerkirschen ohne Saft oder 500 g frische entsteinte Sauerkirschen
2 Bananen · 2–3 EL Rosinen · 4 Eiweiß

Verrühren Sie Milch, Zucker, Vanillinzucker, Stärkemehl und Eigelb mit dem Quark zu einem klümpchenfreien Brei. Geben Sie die abgetropften Kirschen dazu, ebenso die geschälten, in Scheiben geschnittenen Bananen. Dann waschen Sie die Rosinen und fügen sie ebenfalls bei, schlagen das Eiweiß zu steifem Schnee und heben es unter den Kirschquark.

Nun füllen Sie die Masse in einen gut gewässerten *Römertopf* und lassen den Tiroler Kirschauflauf backen.

☐ 75 Min./220°C

Mandeläpfel

8 Portionen

8 mittelgroße Äpfel · 75 g Mandelstifte · 100 g Zucker

2 Eier · 2 EL Semmelbrösel

ZUM BESTÄUBEN:

Puderzucker

ZUM BESTREUEN:

Mandelblättchen

Sie schälen die Äpfel, entfernen mit einem Apfelausstecher das Kerngehäuse und setzen die Äpfel in eine gewässerte Tonform. Dann vermischen Sie die Mandelstifte mit der Hälfte des Zuckers. Füllen Sie diese Mischung in die Hohlräume in und zwischen den Äpfeln.

Nun schlagen Sie die Eier mit dem restlichen Zucker sehr schaumig und arbeiten die Semmelbrösel unter, bevor Sie die Masse über die Äpfel verteilen.

Die gebackenen Äpfel werden mit Puderzucker bestäubt, damit sie schön glänzen. Mit Mandelblättchen verziert, wird diese köstliche Nachspeise zu Tisch gebracht. Die Backzeit ist deshalb so variabel angegeben, weil sie von der Apfelsorte abhängt. Ein mürber Apfel wird natürlich früher durchgebacken sein als ein Apfel festerer Sorte.

45–60 Min./220 °C

Bratäpfel mit Schneehaube

6 Portionen
6 gleich große Äpfel · ½ Tasse Rosinen
10 kandierte Kirschen, in Stückchen geschnitten
½ Tasse Mandelstifte · 3 EL Zucker
3 EL Cointreau · 3 Eiweiß · 50 g Puderzucker

Schälen Sie die Äpfel, und stechen Sie mit einem Apfelausstecher die Gehäuse aus.

Setzen Sie die Äpfel dicht nebeneinander in die gut gewässerte Tonform. Vermischen Sie Rosinen, kandierte Kirschen und Mandelstifte miteinander, und verteilen Sie sie über die Äpfel. Streuen Sie den Zucker darüber und beträufeln Sie alles mit Cointreau. Schließen Sie die Form, und stellen Sie sie in den Backofen. Kurz vor Ablauf der Garzeit schlagen Sie das Eiweiß zu sehr steifem Schnee und heben den Puderzucker unter. Sobald die Äpfel gar sind, spritzen Sie jeweils eine Haube Eischnee darauf. Nun stellen Sie die Form offen ins Rohr zurück und lassen den Eischnee lichtgelb überbacken.

Zu Bratäpfeln mit Schneehaube reichen Sie Löffelbisquits.

45–60 Min./220°C

Ofenschlupfer

4 alte Brötchen · ¼ l Milch · 50 g Butter oder Margarine
75 g Zucker · 2 Eigelb · 2 EL Mehl
1 Messerspitze Backpulver · 2 EL geriebene Haselnüsse
abgeriebene Schale einer halben Zitrone
2 Eiweiß · 750 g Obst nach Belieben (auch gemischt)
Zucker · 2 EL Semmelbrösel · 1 EL Zucker
1 Messerspitze Zimt · Butterflöckchen

Sie schneiden die Brötchen in dünne Scheiben und begießen sie mit der kalten Milch. Während die Brötchenscheiben quellen, rühren Sie die Butter oder Margarine mit Zucker und Eigelb schaumig und arbeiten Mehl, Backpulver, Haselnüsse und abgeriebene Zitronenschale ein. Dazu geben Sie die eingeweichten Brötchen, die Sie gründlich mit dem übrigen Teig verrühren.

Das zu sehr steifem Schnee geschlagene Eiweiß heben Sie nun unter die Masse und verteilen die Hälfte davon auf den Boden einer gewässerten Tonform. Auf diese Teigschicht legen Sie das vorbereitete Obst, das leicht mit Zucker überstreut wird, und decken mit dem Rest des Teiges ab. Nun vermischen Sie die Semmelbrösel mit Zucker und Zimt und bestreuen damit den Ofenschlupfer. Danach setzen Sie noch Butterflöckchen auf und schließen die Form.

Serviert wird der Ofenschlupfer mit Vanillesauce, die nach Belieben heiß oder kalt sein kann.

▭ 75 Min./220 °C

Zwiebackpudding »Santa Barbara«

8–12 Stück Zwieback · 3–4 EL Fruchtlikör Ihrer Wahl
FÜR DIE FÜLLUNG:
400 g Quark · 1 Ei · 75 g Zucker
1 Päckchen Vanillinzucker
1 Päckchen Puddingpulver »Vanillegeschmack«
abgeriebene Schale und Saft einer kleinen Orange
1 eigroßes Stück Butter

Legen Sie eine gewässerte Tonform mit Zwieback aus. Sie brauchen dazu — je nach Größe der Form — 4 bis 6 Stück. Träufeln Sie die Hälfte des Likörs darüber.

Für die Füllung verrühren Sie den Quark mit Ei, Zucker, Vanillinzucker, Puddingpulver, Orangenschale und -saft zu einer geschmeidigen Masse. Diese füllen Sie auf den Zwieback im Tontopf und decken wiederum mit einer Lage Zwieback ab, die Sie mit dem restlichen Likör beträufeln. Schneiden Sie aus Butter kleine Flöckchen, die Sie in gleichmäßigen Abständen über die Zwiebackschicht verteilen.

Servieren Sie den Zwiebackpudding »Santa Barbara« mit Kirschsaft.

▭ 60 Min./220°C

Haferflockenauflauf

4–6 Portionen
250 g Haferflocken · 1 eigroßes Stück Butter oder Margarine
625 g Zwetschgen · 3 Eier · ¼ l Sahne
3 EL Zucker · 1 Päckchen Vanillinzucker
2 EL gehackte Haselnüsse

Zerlassen Sie Butter oder Margarine in einer Pfanne, und rösten Sie die Haferflocken darin goldgelb. Anschließend füllen Sie sie sofort in eine Schüssel um. In der Pfanne belassen, würden sie dunkel und bitter werden.

Inzwischen waschen Sie die Zwetschgen. Gut abtropfen lassen, dann halbieren und entsteinen.

Nun füllen Sie die Hälfte der gerösteten Haferflocken in den gewässerten *Römertopf*. Verteilen Sie die Zwetschgenhälften darüber, und decken Sie alles mit den restlichen Haferflocken ab.

Verquirlen Sie Eier und Sahne gut miteinander und rühren zwei Eßlöffel Zucker und den Vanillinzucker unter. Gießen Sie die Mischung gleichmäßig über den Inhalt der Tonform, und bestreuen Sie ihn mit dem verbliebenen Zucker und den gehackten Haselnüssen. Schließen Sie die Form, und stellen Sie sie ins Rohr.

Servieren Sie den Haferflockenauflauf als Dessert mit gut gekühlter Vanillesauce.

⊟ 60 Min./220°C

SAUCEN-TIPS FÜR DEN RÖMERTOPF

Tomatensauce

500 g Tomaten einer kleinen Sorte
⅛ l Öl (1 Tasse voll) · ⅛ l Tomatensaft
2 Knoblauchzehen · 1 Messerspitze Thymian
1 Messerspitze Rosmarin · Salz, Pfeffer

Überbrühen Sie die Tomaten, ziehen Sie ihnen die Haut ab und legen Sie die ganzen Tomaten in eine (gewässerte) Tonform. Dann verrühren Sie Öl und Tomatensaft, zerdrücken die Knoblauchzehen, rühren den Saft unter und gießen die Flüssigkeit in die Form zu den Tomaten. Nun würzen Sie mit Thymian, Rosmarin, Pfeffer und salzen nach Geschmack. Dann schließen Sie die Form und schieben sie in den Ofen.

Die Tomatensauce schmeckt vorzüglich zu Spaghetti oder Reis. Eine Delikatesse jedoch sind in der Pfanne gebackene Barben, die Sie in dieser Sauce zu Reis servieren.

▭ 75 Min./220°C

≋ 30 Min./600 W

Vegetarische Spaghettisauce

3 Auberginen · 500 g Tomaten · 150 g Champignons
die grünen Blätter eines Knollenselleries
2 mittelgroße Zwiebeln · 1 grüne Paprikaschote
2 Knoblauchzehen · ¼ TL Thymian · 1 TL Oregano
1 TL Basilikum · Salz · 1 Tasse Olivenöl · Wasser

Zunächst waschen und entkernen Sie die Auberginen und hacken sie in kleine Stücke. Dann überbrühen Sie die Tomaten, enthäuten und vierteln sie. Nun putzen Sie die Champignons und schneiden sie feinblättrig. Die grünen Blätter des Sellerie werden in kleine Stücke gehackt. Die Zwiebeln wiegen Sie, entkernen die Paprikaschote und schneiden sie dann in feine Streifen.
All diese Zutaten geben Sie in eine Schüssel, zerdrücken darüber die Knoblauchzehen und würzen mit Thymian, Oregano, Basilikum und Salz. Wenn alles gut miteinander vermischt ist, füllen Sie den Schüsselinhalt in eine (gewässerte) Tonform, gießen eine Tasse Olivenöl darüber und so viel Wasser, daß alles knapp bedeckt ist. Nun schließen Sie die Form und stellen sie ins Rohr. Die Sauce wird, wie der Name schon sagt, mit Spaghetti serviert. Aber auch zu körnig gekochtem Reis schmeckt sie sehr delikat.

◱ 120 Min./220°C

▧ 40 Min./600 W

Rote Chilisauce

6–8 Portionen
7 getrocknete Chilis · ¼ l kochendes Wasser
2 Knoblauchzehen · 2 Zwiebeln
500 g Tomaten · 2 grüne Paprikaschoten
250 g mageres Rindfleisch · 1 Tasse Öl · 1 EL Weinessig
1 gestrichener TL Salz · Pfeffer
1 EL feingewiegte Petersilie

Scharfe Pfefferschoten sind der Geschmack heißer Länder. Wer einmal Lateinamerika besucht hat und seine Hitze kennt, der weiß, warum dort so scharf gekocht wird.

Wenn Sie fürchten, die Sauce könnte in unserem gemäßigten Klima und für Ihren Geschmack zu scharf geraten, verzichten Sie nicht grundsätzlich. Verringern Sie lediglich die Anzahl der getrockneten Chilis auf vier oder fünf. Diese Sauce ist zu köstlich, um sie nie probiert zu haben. Auch milder zubereitet, schmeckt sie ausgezeichnet.

Ziehen Sie den Stengel von den Pfefferschoten unter kaltem, fließendem Wasser ab. Halbieren Sie die Schoten und bürsten die Kerne heraus. Reißen oder schneiden Sie die Chilis klein, legen sie in eine Schüssel und übergießen sie mit kochendem Wasser. Dann lassen Sie sie eine halbe Stunde quellen.

Inzwischen schälen Sie die Knoblauchzehen und die Zwiebeln und hacken letztere in grobe Stücke. Sie überbrühen die Tomaten, ziehen ihnen die Haut ab und schneiden sie in kleine Würfel. Entfernen Sie die Kerne aus den Paprikaschoten, und schneiden Sie sie ebenfalls in feine Würfel. Zerteilen Sie das Fleisch in ganz kleine Stückchen — sie sollten nicht größer sein als etwa vier Millimeter im Durchmesser. Gießen Sie das Einweichwasser von den Chilis ab, und füllen Sie sie — zusammen mit Zwiebeln, Knoblauchzehen und einem Drittel der Tomaten — in den Mixer. Pürieren Sie alles bei hoher Geschwindigkeit und füllen Sie das Püree in den (gut gewässerten) *Römertopf*. All die festen Bestandteile, die im Messer des Mixers hängengeblieben sind, werden entfernt und kommen nicht in die Form. Fügen Sie die verbliebenen Tomaten, die Paprikaschoten und die Fleischwürfelchen bei. Gießen Sie das Öl und den Weinessig dazu. Streuen Sie Salz und Pfeffer darüber, und rühren Sie um, so daß alle Zutaten gut miteinander vermischt sind.

Schließen Sie die Form, und stellen Sie sie ins Rohr. Die Sauce muß nun 75 Minuten garen.

Vor dem Servieren rühren Sie die feingewiegte Petersilie darunter. In Mexiko wird diese rote Chilisauce in tacos — das sind knusprige Taschen oder Rollen aus Maismehl gebacken — gefüllt und an jeder Straßenecke verkauft.

Sie können sie zu Tortillas oder Reis servieren. Reichen Sie einen erfrischenden Salat dazu.

▭ 75 Min./220°C

▤ 10 Min./600 W +
10 Min./300 W + 10 Min. Stehzeit

Alphabetisches Register

Aaltopf, Marseiller 196
Auberginen, Gefüllte 52

Bauerntopf 40
Behandlung der Tonform 9
Berliner Löffelerbsen 35
Blaukraut s. Rotkohl
Blumenkohl mit Käsesauce 54
Bohneneintopf, Grüner 35
Bohnen, Schwarze, mexikanische Art 49
Bratäpfel mit Schneehaube 222
Braten im eigenen Saft 13
Brathähnchen, Gefülltes 137
Brünner Quarkauflauf 218
Budapester Schweinebraten 113

Champignonfilet 102
Chilisauce, Rote 228
Chinesisches Schweinefleisch 119
– – mit Ananas 109
Curryfilet mit gebackenen Bananen 98
Curryfleisch 116

Dänischer Fischtopf 207

Eintopf »Florida« 34
Elsässer Suppe 18
Emmentaler Tomaten 52
Ente, Badische 150
– »Florida« 147
–, Gefüllte, auf Weißkohl 146
–, Gefüllte, mit Leberfarce 142
– »Mr. Peanut« 151
–, Normannische 145

Fasan, Gefüllter 182
– in Weinlaub 181
Filet-Topf »Manila« 94
Fischauflauf 209
Fischfilet »Arlette« 205
– »Charleston« 199
–, Gebackenes 197
– in Kräutercreme 200

– mit Mandelcreme 204
–, Pikantes 201
Fisch-Gemüse-Topf 41
Fischhackbraten 184
Fisch im Gemüsebeet 193
Fischklöße in Kräutersahne 184
Fischrollen, Edamer 206
Fischrouladen in Schnittlauchsauce 194
Fischsuppe 19
Fischtopf, Dänischer 207
Fleischklöße in Rotwein 73
Forellen, Geschmorte 192
Frühlings-Quarkauflauf 214
Frühlingssuppe 17

Gans auf Rotkohl 153
Gänsebraten 125
Gans, Gefüllte 152
Garen in der Mikrowelle 15
Garzeiten 11
Gelbe Rüben s. Möhren
Gemüsesuppe 18
Gemüsetopf, Bunter 31
Gulasch-Champignon-Topf 83
–, Szegediner 121
Gurken, Gefüllte 59
Gurkentopf 44

Hackbraten 71
–, Gefüllter 72
Hackfleisch mit Ananas 72
Hackfleischtopf, Italienischer 75
Haferflockenauflauf 225
Halsgrat in Frühlingssauce 116
Hammelkeule mit Pilzen 128
Hammelklopse in grüner Sauce 74
Hammelpilaw 27
Hammelragout 125
Hammelrücken, Gebackener 126
Hammeltopf, Schottischer 41
Hasenbraten 159
Hasenkeulen 160
Hasenpastete 163

Hasenrücken mit Champignonsauce 161
Hawaiian Meat Balls 72
Hecht in der Tonform 186
Hirschgeschnetzeltes 172
Hirschkeule in Currysauce 169
Hirschrouladen 170
Hirschschulter, Grüne 171
Hirtenfilet, Ungarisches 78
Hirtensuppe 39
Hotpot 32
Hubertustopf 65
Hühnerbrühe 19
Hühnerbrüstchen mit Champignons 130
Hühnertopf, Indonesischer 141
Huhn, Gefülltes 134
– in Burgunder 139
– mit Steinpilzen 133

Ingwerhähnchen 140
Irish-Stew 28

Kabeljaufilet 202
Kabeljau mit Ingwer 208
Kalbsbrust, Gefüllte 99
Kalbsgeschnetzeltes 102
Kalbshaxe, Geschmorte 98
Kalbsherz, Gespicktes 100
Kalbsnierenbraten 96
Kalbsrahmgulasch 103
Kalbszungen in Champignonsauce 100
Karpfen in polnischer Sauce 191
– in Rosinensauce 190
Kartoffelauflauf 211
Kartoffelsuppe 20
Käserouladen, Schweizer 119
Kesselfleisch, Ungarisches 92
Kirschauflauf, Tiroler 220
Kirschenmichl 218
Kohlrabieintopf 37
Kohlrabi, Gefüllte 57
Kohlrouladen in Paprikasauce 59
Kohlsuppe, Russische 43
Krautwickel s. Kohlrouladen
Kümmelbraten 115

Lamm, Geschmortes 126
Lammkeule 129

–, Gefüllte, englische Art 124
Lammschulter, Gerollte 127
Lammtopf 42
Leberknödel, Gebackene, auf Sauerkraut 64
Leberreis 27
Linsentopf 36
– »Waidmann« 66
Löffelerbsen, Berliner 35

Mais mit Fleischklößchen 55
Mandeläpfel 221
Mandelfilet 92
Marseiller Aaltopf 196
Meeresfrüchte-Reistopf 45
Mexikanischer Puchero 30
Minestrone 24
Möhreneintopf 37
Möhrensuppe 25

Normannische Ente 145
Novembertopf 38
Nußauflauf mit Erdbeersauce 217

Ochsenschwanzsuppe, Klare 23
Ochsenzunge in Kapernsauce 86
Ofenschlupfer 23
Orangenente 144
Orangenfilet 101

Paprikagemüse 49
Paprikahuhn 136
Paprikaschoten, Gefüllte 58
Pfefferpotthast, Westfälischer 88
Pichelsteiner 29
Pichelsteiner Fischtopf 45
Pökelfleisch, Gekochtes 121
Poularde, Geschmorte mit Tortillas 134
– mit Oliven 138
Puchero, Mexikanischer 30
Pußtatopf 63
Putenauflauf 215
Putenbrust auf englische Art 157
–, Gefüllte 156
Putenherzen in Burgunder 155
– in grüner Sauce 154
Putenkeulen auf Sauerkraut 158

Quarkauflauf, Brünner 218
–, Herzhafter 212

Rebhühner, Gefüllte 176
–, Gespickte, auf Weinkraut 178
Rebhuhnragout 177
Rehbraten 163
Rehklöße auf Ananaskraut 165
Rehrücken mit Kirschsauce 164
– mit Orangenscheiben 166
– s. Rehziemer
Rehziemer in Rotweinsauce 168
Reinigen der Form 14
Rinderbraten im Pfirsichkranz 85
–, Ungarischer 91
– »Valencia« 95
Rinderfilet mit Sahnesauce 77
Rinderschmorbraten 76
Rindertopf, Südtiroler 68
Rinderzunge in Madeira 82
Rindfleisch, Geschmortes, chinesische Art 81
– mit Gemüsesauce 79
Rindsrouladen 89
Römeraal 195
Römerschinken 112
Rotbarschfilet in Käsecremesauce 199
Rotbarsch mit Trauben 183
Rote Chilisauce 228
Rotkohl 50
Royal Strawberry 217

Sauerbraten 84
Sauerkrautauflauf 214
Schellfisch, Gedünsteter 189
–, Gefüllter 197
– mit frischen Kräutern 188
Schinkenauflauf, Französischer 210
Schinken in Burgunder 114
Schinken-Quarkauflauf 213
Schinkentopf, Ungarischer 117
Schlemmerfasan 180
Schmoren im eigenen Saft 13
Schmorhase, Kanadischer 162
Schwalbennester 97
Schwammerlreis 26
Schweinebauch, Gefüllter 110
Schweinebraten, Budapester 113

Schweinefilet in Rahmsauce 108
Schweinefleisch, Chinesisches 119
–, Chinesisches, mit Ananas 109
Schweinekamm, Gebackener 111
Schweineleberpastete 122
Schweineschulter, Gebackene, mit »Sauce Singapore« 104
Schweineschultertopf 46
Schweinskarree mit Ananas 107
Schweizer Käserouladen 119
Seefischfilet, Gebackenes 198
Seelachs mit Spinat 187
Sellerieauflauf 216
Sellerie, Gebackener 53
Senfbraten, Vorarlberger 93
Spaghettisauce, Vegetarische 227
Steirisches Wurzelfleisch 118
Südtiroler Rindertopf 68
Suppe »Feuerteufel« 22
Szegediner Gulasch 121

Temperaturregelung 10
Tiroler Kirschauflauf 220
Tomaten, Gefüllte 56
Tomatensauce 226
Traubenente mit Walnußsauce 148

Wässern der Tonform 9
Weißkohl, Gefüllter 61
–, Westfälischer 48
Westfälischer Pfefferpotthast 88
Wildente in Malagasauce 179
–, Marinierte 178
Wildschweinkeule 174
– auf polnische Art 175
– in Rotwein 173
Wirsinggemüse 47
Wirsingtopf 70
Wurzelfleisch, Steirisches 118

Zigeunerbraten 90
Zigeunerente 143
Zitronenbraten 120
Zucchini, Gefüllte 67
Zwetschgen, Gebackene, mit Nußstreusel 219
Zwiebackpudding »Santa Barbara« 224
Zwiebelbraten 80
Zwiebelgemüse mit Haube 62

Sachgruppen-Register

BENUTZUNGSHINWEISE

Behandlung der Tonform 9
Braten im eigenen Saft 13
Garen in der Mikrowelle 15
Garzeiten 11
Reinigen der Form 15
Schmoren im eigenen Saft 13
Temperaturregelung 10

SUPPEN

Elsässer Suppe 18
Fischsuppe 19
Frühlingssuppe 17
Gemüsesuppe 18
Hühnerbrühe 19
Kartoffelsuppe 20
Minestrone 24
Möhrensuppe 25
Ochsenschwanzsuppe, Klare 23
Suppe »Feuerteufel« 22

EINTÖPFE

Bauerntopf 40
Berliner Löffelerbsen 35
Bohneneintopf, Grüner 35
Eintopf »Florida« 34
Fisch-Gemüse-Topf 41
Fischtopf, Pichelsteiner 45
Gemüsetopf, Bunter 31
Gurkentopf 44
Hammelpilaw 27
Hammeltopf, Schottischer 41
Hotpot 32
Hirtensuppe 39
Irish-Stew 28
Kohlrabieintopf 37
Kohlsuppe, Russische 43
Lammtopf 42
Leberreis 27
Linsentopf 36
Löffelerbsen, Berliner 35
Meeresfrüchte-Reistopf 45
Mexikanischer Puchero 30
Möhreneintopf 37
Novembertopf 38
Pichelsteiner 29
Pichelsteiner Fischtopf 45
Puchero, Mexikanischer 30
Russische Kohlsuppe 43
Schottischer Hammeltopf 41
Schwammerlreis 26
Schweineschultertopf 46

GEMÜSEGERICHTE

Auberginen, Gefüllte 52
Blumenkohl mit Käsesauce 54
Bohnen, Schwarze, mexikanische Art 49
Emmentaler Tomaten 52
Paprikagemüse 49
Rotkohl 50
Sellerie, Gebackener 53
Tomaten, Emmentaler 52
Weißkohl, Westfälischer 48
Wirsinggemüse 47

GEMÜSE-FLEISCHGERICHTE

Gurken, Gefüllte 59
Hubertustopf 65
Kohlrabi, Gefüllte 57
Kohlrouladen in Paprikasauce 59
Leberknödel, Gebackene, auf Sauerkraut 64
Linsentopf »Waidmann« 66
Mais mit Fleischklößchen 55
Paprikaschoten, Gefüllte 58
Pußtatopf 63
Südtiroler Rindertopf 68
Tomaten, Gefüllte 56
Weißkohl, Gefüllter 61
Wirsingtopf 70

Zucchini, Gefüllte 67
Zwiebelgemüse mit Haube 62

FLEISCHGERICHTE aus Hackfleisch

Fleischklöße in Rotwein 73
Hackbraten 71
Hackbraten, Gefüllter 72
Hackfleisch mit Ananas 72
Hackfleischtopf, Italienischer 75
Hammelklopse in grüner Sauce 74
Hawaiian Meat Balls 72

FLEISCHGERICHTE vom Rind

Filet-Topf »Manila« 94
Gulasch-Champignon-Topf 83
Hirtenfilet, Ungarisches 78
Kesselfleisch, Ungarisches 92
Mandelfilet 92
Ochsenzunge in Kapernsauce 86
Pfefferpotthast, Westfälischer 88
Rinderbraten im Pfirsichkranz 85
–, Ungarischer 91
– »Valencia« 95
Rinderfilet mit Sahnesauce 77
Rinderschmorbraten 76
Rinderzunge in Madeira 82
Rindfleisch, Geschmortes, chinesische Art 81
– mit Gemüsesauce 79
Rindsrouladen 89
Sauerbraten 84
Senfbraten, Vorarlberger 93
Westfälischer Pfefferpotthast 88
Zigeunerbraten 90
Zwiebelbraten 80

FLEISCHGERICHTE vom Kalb

Champignonfilet 102
Curryfilet mit gebackenen Bananen 98
Kalbsbrust, Gefüllte 99
Kalbsgeschnetzeltes 102
Kalbshaxe, Geschmorte 98
Kalbsherz, Gespicktes 100
Kalbsnierenbraten 96

Kalbsrahmgulasch 103
Kalbszungen in Champignonsauce 100
Orangenfilet 101
Schwalbennester 97

FLEISCHGERICHTE vom Schwein

Budapester Schweinebraten 113
Chinesisches Schweinefleisch 119
– – mit Ananas 109
Curryfleisch 116
Gulasch, Szegediner 121
Halsgrat in Frühlingssauce 116
Käserouladen, Schweizer 119
Kümmelbraten 115
Pökelfleisch, Gekochtes 121
Römerschinken 112
Schinken in Burgunder 114
Schinkentopf, Ungarischer 117
Schweinebauch, Gefüllter 110
Schweinebraten, Budapester 113
Schweinefilet in Rahmsauce 108
Schweinefleisch, Chinesisches 119
–, –, mit Ananas 109
Schweinekamm, Gebackener 111
Schweineleberpastete 122
Schweineschulter, Gebackene, mit »Sauce Singapore« 104
Schweinskarree mit Ananas 107
Schweizer Käserouladen 119
Steirisches Wurzelfleisch 118
Szegediner Gulasch 121
Ungarischer Schinkentopf 117
Wurzelfleisch, Steirisches 118
Zitronenbraten 120

FLEISCHGERICHTE von Lamm und Hammel

Hammelkeule mit Pilzen 128
Hammelragout 125
Hammelrücken, Gebackener 126
Lamm, Geschmortes 126
Lammkeule 129
–, Gefüllte, englische Art 124
Lammschulter, Gerollte 127

GEFLÜGEL

Brathähnchen, Gefülltes 137
Ente, Badische 150
– »Florida« 147
–, Gefüllte, auf Weißkohl 146
–, Gefüllte, mit Leberfarce 142
– »Mr. Peanut« 151
–, Normannische 145
Gänsebraten 125
Gans auf Rotkohl 153
–, Gefüllte 152
Hühnerbrüstchen mit Champignons 130
Hühnertopf, Indonesischer 141
Huhn, Gefülltes 134
– in Burgunder 139
– mit Steinpilzen 133
Indonesischer Hühnertopf 141
Ingwerhähnchen 140
Orangenente 144
Paprikahuhn 136
Poularde, Geschmorte, mit Tortillas 134
– mit Oliven 138
Putenbrust auf englische Art 157
–, Gefüllte 156
Putenherzen in Burgunder 155
– in grüner Sauce 154
Putenkeulen auf Sauerkraut 158
Traubenente mit Walnußsauce 148
Zigeunerente 143

WILD

Fasan, Gefüllter 182
– in Weinlaub 181
Hasenbraten 159
Hasenkeulen 160
Hasenpastete 163
Hasenrücken mit Champignonsauce 161
Hirschgeschnetzeltes 172
Hirschkeule in Currysauce 169
Hirschrouladen 170
Hirschschulter, Grüne 171
Kanadischer Schmorhase 162
Rebhühner, Gefüllte 176
–, Gespickte, auf Weinkraut 178

Rebhuhnragout 177
Rehbraten 163
Rehklöße auf Ananaskraut 165
Rehrücken mit Kirschsauce 164
– mit Orangenscheiben 166
Rehziemer in Rotweinsauce 168
Schlemmerfasan 180
Schmorhase, Kanadischer 162
Wildente in Malagasauce 179
– Marinierte 178
Wildschweinkeule 174
– auf polnische Art 175
– in Rotwein 173

FISCHGERICHTE

Aaltopf, Marseiller 196
Dänischer Fischtopf 207
Edamer Fischrollen 206
Fischauflauf 209
Fischfilet »Arlette« 205
– »Charleston« 199
–, Gebackenes 197
– in Kräutercreme 200
– mit Mandelcreme 204
–, Pikantes 201
Fischhackbraten 184
Fisch im Gemüsebeet 193
Fischklöße in Kräutersahne 184
Fischrollen, Edamer 206
Fischrouladen in Schnittlauchsauce 194
Fischtopf, Dänischer 207
Forellen, Geschmorte 192
Hecht in der Tonform 186
Kabeljaufilet 202
Kabeljau mit Ingwer 208
Karpfen in polnischer Sauce 191
– in Rosinensauce 190
Marseiller Aaltopf 196
Römeraal 195
Rotbarschfilet in Käsecremesauce 199
Rotbarsch mit Trauben 183
Schellfisch, Gedünsteter 189
–, Gefüllter 197
– mit frischen Kräutern 188
Seefischfilet, Gebackenes 198
Seelachs mit Spinat 187

PIKANTE AUFLÄUFE

Frühlings-Quarkauflauf 214
Kartoffelauflauf 211
Putenauflauf 215
Quarkauflauf, Herzhafter 212
Sauerkrautauflauf 214
Sellerieauflauf 216
Schinkenauflauf, Französischer 210
Schinken-Quarkauflauf 213

SÜSSE AUFLÄUFE

Bratäpfel mit Schneehaube 222
Brünner Quarkauflauf 218
Haferflockenauflauf 225
Kirschauflauf, Tiroler 220
Kirschenmichl 218
Mandeläpfel 221
Nußauflauf mit Erdbeersauce 217
Ofenschlupfer 223
Quarkauflauf, Brünner 218
Royal Strawberry 217
Tiroler Kirschauflauf 220
Zwetschgen, Gebackene, mit Nuß-
   streusel 219
Zwiebackpudding »Santa Barbara« 224

SAUCEN

Chilisauce, Rote 228
Spaghettisauce, Vegetarische 227
Tomatensauce 226